MEMOIRES

ET

AVANTURES

D'UN HOMME

DE QUALITÉ,

Qui s'est retiré du monde.

TOME QUATRIEME.

A AMSTERDAM,

Aux dépens de la Compagnie.

MDCCXXXI.

MEMOIRES

DU

MARQUIS DE ✳✳✳

LIVRE NEUVIEME.

Ependant comme je ne perdois pas de vûe l'affaire de l'enlevement, je retournai l'après-midi à Madrid. Dom Diego de Velez n'étoit pas chez lui, mais j'y trouvai ses trois fils, qui me firent dès mon entrée des caresses extraordinaires. Je conçus aussitôt qu'il s'étoit passé quelque chose que j'ignorois. En effet ils m'apprirent que le ravisseur étoit connu, que mes conjectures

avoient été juſtes & que c'étoit
Dom d'Alaveſtras. Dom Pedro
de Lera avoit executé ce qu'il avoit
promis, il l'avoit découvert avant
que la nuit fût paſſée. Il étoit allé
ſur la fin du jour dans le tems
que l'obſcurité commence, à la
porte du perfide ; & y aiant paſſé
quelque tems à l'attendre inutilement, car c'étoit à lui-même qu'il
en vouloit d'abord, il prit un autre
parti ; ce fut d'arrêter ſon valet de
chambre qu'il vit revenir de la
ville, jugeant bien que ſi le maître
étoit coupable, le valet l'auroit aidé
dans ſon entrepriſe. Il l'arrêta doucement par le bras, & lui appuia la
pointe de ſon poignard ſur le côté,
en lui diſant de le ſuivre ſans prononcer une parole ou qu'il étoit
mort. Il l'amena ainſi chez ſon
pere. Là, dans une chambre ſe-
crete & bien fermée, le pere & les
trois freres le menacerent des plus
cruels tourmens s'il ne déclaroit ce
qu'il ſavoit de l'enlevement de
Donna Diana. Il nia d'abord le
fait avec opiniâtreté ; mais lorſqu'il
vit le fer & le feu préparez, il con-
feſ-

feſſa tout. Lui même avoit été du nombre des raviſſeurs. Dom d'Alaveſtras étoit à la tête; mais étant maſqué comme les autres, Dom Diego n'en avoit pû reconnoître aucun. Ce miſerable déclara donc, que ſon maître après avoir enlevé Donna Diana, avoit pris d'abord le chemin d'une terre qu'il avoit à une journée de Madrid, dans la montagne de la Sierra; mais qu'aiant fait reflexion que ſa préſence étoit néceſſaire à Madrid, il s'étoit arrêté dans un bois d'où il avoit envoié chercher ſa ſœur, avec ſon carroſſe, & des habits d'homme; qu'à ſon arrivée il lui avoit remis Donna Diana entre les mains, après l'avoir fait revêtir en cavalier, avec ordre de la conduire à ſa terre, & de la tenir ſi bien renfermée qu'elle ne fût apperçue de perſonne? qu'étant enſuite retourné à Madrid, il avoit ordonné à tous ſes domeſtiques de répandre dans la ville que la fille de Dom Diego de Velez avoit été enlevée par le Marquis de Roſemont Gentilhomme François, le même qui

avoit

4

avoit tué Dom Juan de Paſtrino ;
qu'il s'étoit montré le même jour
à tous ſes amis, & que le ſoir il
étoit parti en poſte pour ſa terre de
la Sierra.

Après cette découverte, me dit
Dom Pedro de Lera, nous délibe-
râmes ſur le parti que nous devions
prendre. J'étois d'avis d'aſſembler
ſur le champ nos amis pour aller
ſurprendre Dom d'Alaveſtras à ſa
terre, le percer de mille coups, &
tirer ainſi ma ſœur de ſes mains.
Mais mon pere a jugé plus à propos d'obtenir un ordre du Roi pour
l'arrêter, & de le faire punir enſuite
par les voies de la Juſtice comme
un raviſſeur & un calomniateur ;
nous reſervant toûjours le droit de
le punir par nos mains, s'il a aſſez
de credit pour échaper à la Juſtice.
Le Roi eſt à l'Eſcurial, continua
Dom Pedro, mon pere y eſt allé
pendant la nuit pour ſe trouver aujourd'hui à ſon lever. Nous atten-
dons impatiemment ſon retour.
Les trois freres me firent alors mille excuſes d'avoir ſoupçonné injuſ-
tement le Marquis, & me témoi-
gne-

gnerent beaucoup d'envie de le connoître pour les renouveller à lui-même. Je leur demandai ce qu'étoit devenu le valet de chambre d'Alaveſtras. Il eſt encore entre nos mains, me dirent ils, & nous nous garderons bien de le lâcher. Je ſouhaitai de le voir. Ce malheureux me fut amené, les chaînes aux mains & aux pieds. Je lui fis diverſes queſtions, entre autres ſi Donna Diana ſavoit par qui elle avoit été enlevée. Il me répondit qu'il ne croioit pas qu'elle le pût ſavoir ; que ce n'étoit pas le deſſein d'Alaveſtras, qu'il avoit toûjours été maſqué, & qu'en faiſant venir ſa ſœur, il étoit bien ſûr que Donna Diana ne la connoiſſoit point. Cette réponſe me fit trembler pour la pauvre Donna Diana. Je craignis tout pour elle d'un ſcélerat tel que d'Alaveſtras, & d'une furieuſe telle que ſa ſœur. L'effet ne juſtifia que trop ma crainte.

Dom Diego me trouva encore chez lui à ſon retour. Il m'embraſſa, en me priant d'oublier le paſſé, & de me joindre à lui pour hâter

la

la punition de notre ennemi commun.   Le Roi l'avoit écouté favo-
rablement.   Il s'étoit fait expliquer
toutes les circonſtances de l'action,
& trouvant dans le deſſein d'Alaveſtras une malignité des plus noi-
res, il avoit déclaré ſur le champ
qu'il vouloit qu'il fût puni avec rigueur.   Dom Diego rapportoit un
ordre de le ſaiſir vif ou mort.   Il
ne tarda point à faire avertir l'Alcade avec ſes Alguaſils.   Ils ſe diſpo-
ferent à partir à l'entrée de la nuit.
Je ne pus refuſer aux inſtances de
Dom Diego & de ſes fils d'être
auſſi du voiage ; c'étoit ſervir le
Marquis dans la perſonne de Donna Diana, & j'étois bien aiſe d'être
éclairci par mes yeux de ce qui pouvoit lui être arrivé.   J'envoiai chercher Briſſant chez Dom Porterra
pour m'accompagner, & je fis dire
à Ivicella que j'étois obligé de m'ab-
ſenter pour deux jours.

   En marchant, Dom Diego qui
étoit à mon côté me découvrit
familierement la ſituation de ſon
cœur. Malgré la connoiſſance que
j'ai donné au Roi de mes affaires,
je

je ne sais, me dit-il, si je pourrai
m'empêcher de tuer le perfide lorfqu'il fera en mon pouvoir. Je fens,
à mefure que j'avance, des redou-
blemens de haine dont je crains fort
de n'être pas le maître. Ce feroit
bien pis s'il en avoit mal ufé avec
ma fille. Il n'y auroit pas de crua-
tez que je ne lui fiffe éprouver. Il
les mériteroit, lui répondis-je ; mais
s'il n'eft pas le plus miferable des
hommes, il aura respecté une perfonne auffi charmante que Donna
Diana. Helas, reprit-il, cette pauvre fille eft bien à plaindre : dans
ma maifon même & fous mes yeux
elle a eu mille fujets de chagrin
que toute ma tendreffe n'a pu lui
faire éviter, & dans le tems que je
croiois lui procurer du moins un
peu de repos en la mettant dans un
couvent, elle fe trouve expofée au
plus grand malheur qu'une fille
puiffe éprouver. Il prit de là occafion de me raconter l'hiftoire de fon
mariage de Naples, la naiffance de
Donna Diana, fon arrivée en Efpagne, la mort de fa mere & tout ce
qu'on a vû plus haut dans ces Me-

A 4

moi-

moires. Malheureusement, continua t il, cette fâcheufe avanture eft
venue aux oreilles de ma derniere
époufe ; elle regarde ma fille Diana
comme une étrangere qui eft venue
diminuer la portion de l'héritage de
fes enfans, & elle a conçû pour
elle une averfion dont elle n'a point
ceffé jufqu'ici de lui donner des
marques. Il m'eft arrivé à moi mê-
de de la maltraiter par une com-
plaifance exceffive pour mon époufe, le cœur m'en a faigné plus d'une
fois, car il n'eft pas befoin d'avoir
des yeux de pere pour trouver qu'effectivement cette pauvre fille eft
très aimable. J'ai remarqué que mes
fils l'aiment auffi beaucoup. Il n'y
a que ma femme qui eft pour elle
d'une dureté inexorable. Mais, lui
dis je, n'auriez vous pas pû la tirer
de fes mains en la mariant ? Il me
répondit qu'il en avoit en deffein
plus d'une fois, mais que Diana s'y
étoit oppofée elle même par des
raifons qu'il ignoroit, & qu'elle lui
avoit toûjours demandé avec inftan-
ce la liberté de fe retirer dans un
couvent. C'eft où je la conduifois,
ajoû-

ajoûta t il , lorsque Dom d'Alavestras me l'a enlevée , & je vous avoue
que je fus hier surpris en lisant sa
lettre au Marquis ? car quoique
j'eusse appris qu'elle en étoit aimée,
j'ignorois qu'elle l'aimât , & je ne
lui croiois d'inclination que pour
la solitude. Je lui expliquai là-dessus
de quelle maniere cet amour s'étoit
formé ; & je l'assurai qu'ayant été
témoin de toutes leurs entrevûes , il
ne s'y étoit rien passé que de sage
& d'innocent. Il me demanda si le
Marquis avoit dessein de l'épouser.
Il le voudroit , lui dis je , au prix
de sa vie ; mais pour m'expliquer
avec franchise , quelque honorable
que soit votre naissance , la sienne
& le rang que Monsieur son pere
occupe sont fort au dessus. Il est
d'ailleurs fils unique , & tant de
grandeur l'attend en France, qu'on
aura peine à consentir qu'il prenne
une épouse en Espagne. Cependant
je ne vous cacherai pas , continuai-
je , qu'il a fait partir exprès son valet de chambre pour solliciter le
consentement de Monsieur son pere, & qu'il espere beaucoup de sa

A 5

bon-

bonté. Dom Diego parut fort satisfait de cette explication. Il me pria
même de lui procurer l'honneur de
connoître Monſieur le Marquis
pour le remercier des ſentimens
avantageux qu'il avoit pour ſa fille.
Le bon vieillard ne prévoioit pas
qu'il alloit bientôt la perdre pour
toûjours.

Enfin nous arrivâmes auprès de
la Sierra vers les ſix heures du matin. L'Alcade fit entourer le château par ſes Alguaſils, & s'étant fait
accompagner de quelques-uns, il
alla frapper à la porte. On n'ouvrit
pas d'abord, ſans doute parce que
nous avions été apperçûs, & qu'on
avoit eu le tems d'avertir d'Alaveſtras & ſa ſœur. Cette femme furieuſe voiant bien que ſon crime étoit
découvert, & que ſon frere ni elle
ne pouvoient éviter le châtiment,
prit une reſolution terrible, & dont
le ſouvenir me cauſe encore de l'é-
motion. Je crains que mes Lecteurs
ne s'imaginent ici que j'ajoûte quelque choſe à la verité, pour embellir
mon recit par des circonſtances in-
tereſſantes. Je les prie de faire at-
ten-

tention que j'écris sans interêt, &
que M. le Duc de . . . . peut rendre témoignage de la fidelité de ces
Memoires à ceux à qui il voudra
bien faire connoître la part qu'il y
a euë.

Comme l'Alcade se mettoit en
état d'enfoncer la porte, & que
cette execution n'auroit pu tarder
longtems, on ouvrit. L'Alcade
demanda à parler de la part du Roi
à Dom d'Alaveſtras. On lui répondit qu'il pouvoit entrer. Lorſqu'il
fut dans la Cour avec ſes gens, il
vit d'Alaveſtras à une fenêtre, qui
lui demanda fierement ce qu'il fou-
haitoit : Vous-même, lui dit l'Alcade, qui comptoit trop ſur les meſures qu'il avoit priſes pour craindre
qu'il pût lui échapper : je viens par
ordre du Roi m'aſſurer de votre
perſonne, & tirer de vos mains
Donna Diana de Velez que vous
avez enlevée. On m'a donc trahi,
reprit le raviſſeur d'un ton qui exprimoit ſa rage : Montez, Meſſieurs,
montez, vous étes les plus forts.
Il demanda en même tems ſi Dom
Diego n'étoit pas là, ou quelqu'un

de ſes enfans ; & aiant ſu que le
pere & les trois fils y étoient, il
parut content, & les fit prier d'entrer auſſi pour recevoir Donna
Diana de ſes mains. Nous montâ-
mes tous enſemble à ſon appartement : il vint au devant de nous
dans l'antichambre, le piſtolet à
la main. Meſſieurs, nous dit-il,
je ne prétens point de violence, je
vous prie, car ma vie vous coûteroit cher. Qu'on me montre l'ordre du Roi. L'Alcade qui l'avoit
dans ſa poche ne fit pas difficulté
de le montrer, & de le lui laiſſer
lire. Bon, dit-il, en finiſſant, on
n'en veut qu'à moi : on a raiſon,
je ſuis ſeul coupable. Cependant,
Meſſieurs, ajoûta-t-il en ſe tournant vers Dom Diego & ſes fils,
voiez lequel de ces deux partis vous
plaira davantage, ou de me permettre de ſortir libre de cette maiſon, & l'on vous rendra alors
Donna Diana ſaine & ſauve ; ou de
vous reſoudre à lui voir enfoncer
un poignard dans le cœur ſi vous
voulez abſolument me conduire pri-
ſonnier à Madrid. Choiſiſſez.

Si

Si Dom Diego & ſes fils euſſent ſuivi leur fureur, ils auroient poignardé ſur le champ ce ſcelerat: mais l'Alcade prévenant leur réponſe, lui dit que le parti le plus ſage qu'il pût prendre lui-même étoit d'executer ſans bruit la volonté du Roi, & d'eſperer ſon pardon de la clemence de Sa Majeſté. Vous ne me croiez donc pas, reprit-il en reculant juſques dans ſa chambre; entrez, Meſſieurs, entrez avec moi. Nous entrâmes, & le premier objet qui nous frappa, nous rendit immobiles, & glaça notre ſang juſqu'au fond de nos veines. La vieille Donna de Paſtrino étoit aſſiſe auprès d'une fenêtre; Donna Diana étoit à genoux à ſes pieds, le ſein découvert, & cette horrible femme lui tenoit la pointe d'un poignard appuié ſur la gorge. N'avancez pas, s'écria-t-elle en nous voiant, elle eſt morte ſi vous avancez. Dom Diego mortellement ſaiſi de ce ſpectacle, ſe jetta à genoux avec ſes trois enfans. Eh! Madame, s'écriat-il en levant les mains au Ciel, aiez pitié d'un malheureux pere;

A 7

qu'ai-

qu'ai je fait qui puiſſe vous offenſer?
que vous a fait ma pauvre fille? aiez
compaſſion de ma vieilleſſe, com-
mencez du moins par m'ôter la vie
à moi-même.

Cette furie impitoiable ne paroiſſoit pas même émue. Elle lui répondit que l'unique voie de ſauver
ſa fille étoit d'accorder la liberté à
ſon frere: qu'il falloit le laiſſer
deſcendre ſeul, le laiſſer monter à
cheval & lui donner le tems de
s'éloigner. Quelque forte que fût
dans Dom Diego la paſſion de ſe
venger, elle ceda pour un tems à
la tendreſſe paternelle. Il pria l'Alcade de laiſſer évader Dom d'Alaveſtras. Ce fut un embarras pour
l'Alcade, qui craignoit de manquer
à ſon devoir s'il n'executoit ponc-
tuellement l'ordre du Roi. Cependant nous lui fîmes entendre que
cet ordre n'aiant été donné qu'en
faveur de Dom Diego, qui étoit
l'offenſé, il étoit le maître en quelque forte d'en uſer à ſa volonté.
Donna de Paſtrino n'exigea pour
ſon frere qu'une demie-heure,
dont elle l'exhorta de bien profiter.
                              Nous

Nous demeurâmes tous dans sa chambre pendant ce tems-là, éloignez d'elle de la même distance. Au moindre mouvement qu'elle nous voioit faire, elle redoubloit ses menaces, & raprochoit le poignard de la gorge de Donna Diana. Cette belle & malheureuse fille étoit tremblante aux pieds de sa cruelle ennemie. Elle jettoit quelquefois sur nous ses tristes regards, & je crus remarquer dans ses yeux que la douleur de son pere & de ses freres avoit quelque douceur pour elle, & qu'elle étoit touchée de ce témoignage de leur affection. Mais son malheur ne faisoit encore que commencer. La scene devoit être sanglante, & la catastrophe aprochoit.

En partant de Madrid j'avois envoié, comme j'ai dit, un laquais à Ivicella pour avertir le Comte de Mancenez que je serois absent pendant deux jours. J'avois choisi malheureusement pour ce message un étourdi, qui avoit appris quelque chose du dessein de mon voiage, & qui crut se faire valoir à Ivicella

en

en publiant ce qu'il savoit. Il le fit si indiscretement que le bruit alla jusqu'au Marquis. Aiant entendu parler de Donna Diana enlevée, & d'un ordre de la Cour pour arrê-ter le ravisseur, il voulut si absolu-ment être instruit de tout, qu'on fut obligé de le satisfaire, & ne con-sultant plus alors que sa fureur & son amour, il se fit seller un che-val malgré le Comte, & monta des-sus dans la foiblesse où il étoit pour se rendre à Madrid. Le Comte, Dom Porterra, le Chirurgien, Sco-ti, & quelques autres valets se vi-rent dans la nécessité de partir avec lui. Ils allerent droit chez Dom Diego de Velez, où ils s'informe-rent du chemin que nous avions pris, & sans perdre un moment ils marcherent sur nos traces. En ap-prochant de la Sierra ils apperçu-rent par malheur Dom d'Alavestras qui fuioit à toute bride. Le Comte de Mancenez le reconnut, & s'ima-gina qu'il étoit important de l'arrê-ter. Il fut enveloppé en un moment & obligé de se laisser reconduire à sa terre. Il protesta en vain qu'il fuioit

de

de l'aveu de Dom Diego, & que son retour seroit funeste à Donna Diana. On prit toutes ses raisons pour de fausses défaites d'un homme qui se sent coupable, & qui veut éviter le châtiment.

Nous étions dans la situation que j'ai réprésentée, lorsqu'il fut ramené au château. Un grand bruit que nous entendîmes nous auroit obligé de sortir de la chambre, si la vieille Pastrino ne nous eût retenu par ses menaces. Le Marquis s'y fit conduire. Il est impossible ici que j'assigne une distinction de momens à trois ou quatre actions cruelles qui furent executées avec plus de promptitude que je ne puis le raconter. Le Marquis entra, je me jettai devant lui pour l'empêcher d'appercevoir Donna Diana : il l'avoit déja vûe : Ah ! mon cher Marquis, lui dis je tout transporté, où allez vous ? Vous venez nous perdre, au nom de Dieu sortez pour un moment. Il s'efforçoit d'avancer malgré moi, & le trouble où il étoit l'empêchoit de prononcer un seul mot. Dans le même instant Don-

Donna de Paſtrino, qui ſe douta
bien que c'étoit le Marquis de Roſemont, & qui vit entrer après lui
ſon frere les mains liées de pluſieurs
cordes, s'écria avec une fureur in-
exprimable ; Quoi ! je vois le meur-
trier de mon fils, & qui veut l'être
encore de mon frere ! tiens, ajoûta
cette barbare en enfonçant le poignard au milieu du ſein de Donna
Diana, voilà pour toi qui es ſon
amante, & elle ſe leva enſuite pour
ſe jetter ſur le Marquis. Mais quelque active que ſoit la fureur, elle
n'eut pas le tems d'achever les quatre pas qu'il ſalloit faire pour arriver
à lui : Dom Diego, & ſes fils la
percerent de mille coups. Ils ſe
jetterent auſſi ſur Dom d'Alaveſtras,
& lui arracherent la vie par une infinité de plaies.

Qu'on s'imagine ſi l'on peut toute l'horreur d'un tel ſpectacle. Trois
corps étendus dans des ruiſſeaux de
ſang, mon cher Marquis entre mes
bras ſans mouvement & ſans connoiſſance, Dom Diego qui s'arra-
choit les cheveux auprès de ſa fille,
& qui perçoit l'air de ſes cris, ſes
trois

trois fils qui tâchoient d'arrêter le
sang de leur trop malheureuse sœur,
& tous les autres spectateurs dans
un trouble qui ne leur permettoit
pas même de penser à nous secou-
rir. Je portai le Marquis dans la
chambre voisine, où il y avoit heureusement un lit. Le Comte de
Mancenez & le Chirurgien me sui-
virent. Je pris de celui-ci une phio-
le d'Elixir qu'il m'offrit, & je lui
ordonnai d'aller au secours de Donna Diana. Il s'y emploia avec tant
de zele & d'adresse, qu'il lui mit
le premier appareil, & la fit revenir à elle avant que le Marquis eût
repris la connoissance. Son évanouissement fut si long, que j'en
eus un moi-même, causé par la
crainte & l'inquiétude. Ce n'est pas
que je crusse cet accident dangereux
dans un jeune homme de son âge
& de son temperament, mais la fa-
tigue qu'il avoit essuiée la nuit, &
sa blessure qui n'étoit pas encore
fermée tout-à-fait me causoient une
très-juste allarme. Le Chirurgien
étant revenu auprès de lui me con-
sola en m'assurant positivement qu'il

n'y

n'y avoit rien à craindre. Il mit un
nouvel appareil à sa bleſſure, qui
paroiſſoit prête à ſaigner. Ce n'eſt
pas ſon évanouiſſement que j'appré-
hende, me dit-il en homme de bon
ſens, c'eſt l'impreſſion que va faire
ſur lui la premiere idée de l'état où
il a vû Donna Diana; car j'ai aſſez reconnu depuis que j'ai l'honneur d'être à ſon ſervice qu'il l'aime éperdûment. Je crois qu'il ſeroit à propos, ajoûta-t-il, de le
tranſporter dans l'autre chambre;
il ſe trouveroit auprès d'elle en re-
venant à lui, & il ſeroit aſſuré du
moins qu'elle n'eſt pas morte. J'ap-
prouvai ſon conſeil. Nous le por-
tâmes ſur un matelas auprès du lit
où ſon amante étoit couchée. La
connoiſſance tarda peu à lui revenir. Le Chirurgien qui l'obſervoit
ne s'apperçut pas plûtôt du changement, qu'il lui dit : Courage, Monſieur, Donna Diana eſt vivante, la
voilà auprès de vous. Ce cher nom
acheva de lui faire reprendre ſes
eſprits. Donna Diana étoit ſi épui-
ſée par la perte de ſon ſang, qu'elle
n'avoit pas même remarqué juſqu'a-
lors

lors que le Marquis fut auprès d'elle ; mais lorsqu'elle entendit prononcer auffi fon nom, elle ouvrit les yeux comme pour le chercher, & pour rencontrer les fiens. Ces deux tendres amans fe reconnurent; rien ne peut être fi touchant ni fi naturel, que les premiers fentimens de l'un & de l'autre. Donna Diana tendit la main vers lui, il la prit dans les fiennes pour la baifer mille fois. Ah! c'eft moi, lui dit-il, qui vous reduis dans ce trifte état; mais fi vous mourez, je ne ferai pas longtems à vous fuivre. Il eut bientôt retrouvé affez de force pour fe lever. Il s'affit fans écarter un moment fes yeux de deffus elle, il auroit voulu pouvoir vifiter fa bleffure, pour juger par lui même du peril, & s'affurer de ce qui lui reftoit d'efperance. Il conjura le Chirurgien de lui dire naturellement ce qu'il en penfoit. Celui-ci lui répondit pour le flatter que ces fortes de coups étoient rarement mortels, mais qu'il falloit laiffer un peu de repos à la malade, & qu'on jugeroit mieux de fon état dans quelques

heu-

heures. Il vouloit demeurer auprès
d'elle en promettant de ne lui rien
dire qui pût lui caufer de l'émotion :
mais le Chirurgien lui fit entendre
que fa feule préfence pourroit l'agi-
ter, & que le plus profond repos
lui étoit abfolument néceffaire.

Nous retournâmes dans la chambre voifine où je le fis mettre au lit
malgré lui. Dom Diego & fes trois
fils vinrent lui rendre leurs civilitez;
la maniere dont ils s'exprimerent
me fit connoître qu'ils avoient conçû beaucoup d'eftime & d'affection
pour lui, touchez peut être également & de fa figure aimable, & de
la tendreffe qu'ils lui voioient pour
Donna Diana. Le Comte de Mancenez qui avoit comme perdu l'ufage
de la voix jufqu'alors, & qui s'é-
toit contenté de donner tous fes
foins à fon ami en le fuivant pas à
pas, vint l'embraffer auffi avec tous
les témoignages d'une vive & fin-
cere amitié. Dom Porterra fit la
même chofe. Les larmes me tom-
boient des yeux malgré moi à la vûe
de tant d'objets, ou triftes, ou tendres, mais tous infiniment tou-
chans ;

chans; & je ne pouvois diſtinguer en particulier par quel ſentiment j'étois le plus attendri. Nous tinmes conſeil avec l'Alcade ſur la conduite que nous devions tenir après tout ce qui s'étoit paſſé. Il fut reſolu que Monſieur le Comte de Mancenez prendroit la peine d'aller ſans délai à l'Eſcurial où le Roi devoit être encore quelques jours, que l'Alcade l'accompagneroit, & qu'ils feroient enſemble à Sa Majeſté la rélation fidelle de cette malheureuſe journée. Ils partirent ſur le champ. Leur voiage ne fut pas long, l'Eſcurial n'étant éloigné que de quelques lieues. Nous agiſſions dans la maiſon d'Alaveſtras avec la même liberté que ſi nous en euſſions été les maîtres. Nous nous y fîmes préparer à manger, & tout ce qui étoit néceſſaire pour le ſecours de nos malades. Je demandai en ſecret au Chirurgien s'il croioit la bleſſure de Donna Diana dangereuſe: il me répondit qu'elle pourroit vivre encore quelques jours mais qu'il ne falloit pas eſperer qu'elle pût ſe rétablir. Je le priai de continuer à

flat-

flatter le Marquis , & d'agir de concert avec moi pour le préparer insensiblement à cette perte. Il se levoit dix fois dans une heure pour aller au lit de son amante. Ne pouvant l'en empêcher, j'étois obligé de le suivre. Quelquefois il la trouvoit assoupie, & il revenoit content de l'avoir vûe. Lorsqu'elle pouvoit l'appercevoir, il lui disoit quelques mots de tendresse , & il la prioit de ne pas répondre, pour menager ses forces. Il consultoit à tous momens le Chirurgien qui le flattoit par ses réponses ordinaires. Elle se trouva dans le fond beaucoup mieux l'après-midi. Nous nous assîmes autour de son lit , pour nous y entretenir doucement. Dom Diego & ses trois freres faisoient au Marquis des caresses dont elle étoit charmée. Il sembloit que nous ne composions tous qu'une même famille, unie par la plus tendre & la plus cordiale amitié.

Monsieur le Comte de Mancenez revint le soir avec l'Alcade. Il nous apporta des nouvelles si heureuses & si fort au dessus de nos esperances, qu'elles nous causerent toute

la

la joie que la tristesse où nous étions
nous permettoit de recevoir. Le
Roi déja prévenu contre le perfide
Alavestras approuva la vengeance
de Dom Diego de Velez. Il ne put
entendre sans être ému la barbarie
de Donna de Pastrino. Ce n'est pas
assez, dit-il au Comte, d'une mort
si simple pour punir de telles hor-
reurs; & puisque les coupables ont
échapé à l'ignominie d'un supplice
public, il est une autre maniere de
satisfaire la Justice. Je donne à la
fille de Dom de Velez tous les biens
de son ravisseur & de Donna de
Pastrino. Cette grace ne fut pas
plûtôt accordée, que le Comte eut
le credit d'en faire expedier des lettres. Il les remit entre les mains de
Donna Diana après avoir achevé ce
recit. Un événement si imprevû
attira mille complimens au Comte
de Mancenez. Dom Diego n'étoit
pas le maître de sa joie. Le Marquis n'en ressentoit pas moins : c'é-
toit un acheminement au succès de
ses esperances. Donna Diana ne
put s'empêcher elle même d'y paroître sensible, & l'on voioit bien

que toute sa satisfaction se rapportoit au Marquis, dont il lui sembloit
que cette nouvelle fortune la rap-
prochoit davantage, car il ne s'agis-
soit de rien moins que de cinquante
mille livres de rente, Dom d'Alavestras passoit pour en avoir trente-
cinq mille, & Donna de Pastrino
quinze ou seize mille. Le lendemain
Dom Diego envoia son fils aîné à
Madrid pour l'exécution de la grace
accordée à sa fille. Pour lui il se crut
obligé d'aller se jetter aux pieds du
Roi pour le remercier d'une faveur
si inesperée. Il en fut reçû avec une
bonté dont il parut aussi satisfait à
son retour, qu'il l'avoit été du bien-
fait.

Cependant la blessure de Donna
Diana empiroit sensiblement. Il lui
prenoit de tems en tems des foiblesses qui faisoient trembler le Chirurgien même. Je la crus mourante le
troisiéme jour ; mais étant revenue
à elle à force de soins, le Chirurgien
me dit qu'on pouvoit esperer quelque chose jusqu'au neuviéme. Il
promettoit bien plus au Marquis,
qui le conjuroit à chaque instant de
ne

ne pas lui déguiser ce qu'il y avoit
à craindre. Elle peut mourir, lui
disoit-il, mais vous n'étes pas vous-
même hors de danger, si vous ne
vous menagez davantage. J'espere
que mes soins vous rendront la vie
à l'un & à l'autre. Ainsi il jugeoit
par sa blessure de celle de son amante, & du péril où elle étoit par le
sien; & comme il se sentoit assez
fort pour ne pas craindre beaucoup
pour lui-même, il commençoit à
devenir plus tranquile par rapport à
elle. Ses frequentes foiblesses ne
laisserent pas de l'allarmer. Mon
Dieu! me dit-il un jour, que de-
viendrois-je si j'allois la perdre? je
ne vivrois pas un quart d'heure après
elle. Je lui répondis qu'il falloit
tout esperer de la bonté du Ciel;
que le Chirurgien comptoit ses éva-
nouissemens pour peu de chose, &
qu'il falloit faire beaucoup de fond
sur la jeunesse & sur la bonté de son
temperament. Mais après tout,
continuai-je après l'avoir ainsi ras-
suré, le Ciel n'est-il pas le maître
de sa vie, de la vôtre & de la mienne? supposons qu'il vous la ravisse

à

à vous-même ; ne faudroit-il pas
vous soûmettre à ses ordres, & lui
faire sans murmurer le sacrifice de
votre jeunesse, de votre rang & de
toutes vos esperances ? il peut vous
enlever de même votre chere Diana,
& vous lui devriez la même soû-
mission en la perdant. Aimez-la,
mon cher Marquis, elle est si aimable que vous ne sauriez trop l'aimer ; mais songez que vous devez
aimer Dieu plus qu'elle, & qu'un
sentiment si juste est essentiel à un
honnête homme. Quelque sujet que
nous aions d'esperer qu'elle se ré-
tablira, envisagez quelquefois sa
perte, pour acquerir la force de la
supporter si sa mort trompoit nos
esperances. Mettez-vous de bonne
heure à cette épreuve. C'est le moien
de vous rendre en quelque sorte
superieur à votre passion ; & sans
aimer moins, votre amour sera tel
alors que la sagesse & la Religion
le demandent.   Il me répondit qu'il
sentoit parfaitement la verité de mes
paroles, mais que regardant la perte
de Donna Diana comme le plus
horrible de tous les malheurs, il lui
étoit

étoit impoſſible de ſe familiariſer avec cette affreuſe idée; qu'il s'efforçoit au contraire de l'écarter de ſon eſprit; & qu'il eſperoit ſeulement que ſi le Ciel la lui enlevoit, & vouloit qu'il vécût après l'avoir perdue, il lui donneroit des forces qu'il n'éprouvoit point encore, & qui ne pouvoient lui venir que de la puiſſante main de Dieu. Cette réponſe qui marquoit du moins un fond de Religion & de confiance en Dieu, me ſatisfit beaucoup. Je l'aſſurai que le ſecours du Ciel n'eſt jamais refuſé quand on le demande, & qu'il eſt toûjours proportionné à nos peines & à nos beſoins.

Le château de la Sierra étant devenu une partie du bien de Donna Diana, nous ne nous preſſions point d'en ſortir. J'attendois pour cela que le Marquis pût retourner commodément à Madrid, ſans compter qu'il auroit fallu lui faire trop de violence pour l'en tirer avant qu'elle fût hors de danger. L'état où ils étoient tous deux, la préſence de Dom Diego & la mienne ôtoient tout pretexte à la medi-

ſance.

fance. J'étois dans l'inquiétude en attendant le neuviéme jour dont le Chirurgien m'avoit parlé comme d'un jour critique pour Donna Diana. Il arriva enfin, & à la reſerve de ſes évanouiſſemens qui lui prenoient toûjours lorſqu'on changeoit l'appareil, il ne parut point que le danger fut augmenté. Le Chirurgien en témoigna une joie extrême, il me dit en particulier qu'il n'apprehendoit plus que le treiziéme jour, & qu'il répondoit de ſa guériſon ſi ſes forces alloient au-delà.

Le ſoir de ce jour heureux, c'eſt-à-dire du neuviéme, j'étois deſcendu pour prendre l'air à la porte du château, & j'allois rentrer après y avoir demeuré un moment : j'entendis un bruit de cheveaux qui accouroient à toute bride. M'étant rétourné je reconnus le Brun qui nous apportoit des nouvelles de Paris. Il avoit paſſé par Madrid, & Dom Porterra avoit pris la poſte avec lui pour nous l'amener. Je leur dis à l'un & à l'autre de ne pas paroître dans la chambre du Marquis que je n'euſſe lû mes lettres,

&

& j'ouvris auſſitôt le paquet. Il y en avoit une pour le Marquis de la main de Monſieur le Duc : elle étoit ſous cachet volant. Je la lûs avant les miennes, car dans l'état où étoient les choſes, je ne regardois point l'arriveé de le Brun & la réponſe de Monſieur le Duc comme des évenemens indifferens. Elle étoit telle que je m'attendois, c'eſt-à-dire tendre & flatteuſe, & qui promettoit tout ſans rien accorder.

,, Il faut que vous comptiez, diſoit-
,, on au Marquis, que je ne vous
,, refuſerai jamais ce qui ſera né-
,, ceſſaire à votre bonheur. Ainſi
,, ſoiez aſſuré d'épouſer Donna
,, Diana de Velez, ſi votre paſſion
,, eſt ſi forte que vous ne la puiſſiez
,, vaincre. Je ſuis fort content du
,, témoignage que Monſieur de
,, Renoncour m'a rendu d'elle, &
,, mon ſentiment a toûjours été, que
,, le mérite & la naiſſance doivent
,, être préferez aux emplois & aux
,, richeſſes. Mais vous êtes jeune,
,, & votre maîtreſſe l'eſt auſſi :
,, vous êtes parti de France dans
,, le deſſein de voiager quelques

,, an-

„ années : achevez du moins vos
„ voiages, qu'il faudroit interrom-
„ pre si vous l'épousiez dès aujour-
„ d'hui. Vous en reviendrez plus
„ digne d'elle, & je vous donne
„ ma parole de consentir alors à
„ vos desseins. Je vous accorde
„ beaucoup, ne me refusez pas si
„ peu de chose, &c.

Toute la lettre étoit ainsi tournée
fort adroitement, & malgré l'impa-
tiente vivacité du Marquis, je ne
doutai point qu'il n'y trouvât quelque douceur, & qu'il ne la lût avec
satisfaction. J'ouvris en suite celle
qui étoit pour moi. Monsieur le
Duc m'y laissoit voir le fond de son
cœur, & s'exprimoit en véritable
pere. Il ne me cachoit point que
le mariage de son fils avec une é-
trangere lui causeroit du chagrin,
& qu'il dérangeroit toutes ses vûes.
„ Mais sa lettre me fait trembler,
„ me disoit-il, & vif comme je le
„ connois, je crains ses résolutions.
„ Si Donna Diana est telle que
„ vous le dites, je ne regarderai
„ point absolument comme un
„ malheur qu'elle devienne ma fil-
l „ le.

„ le...... Je vous laiſſe le maître
„ de cette affaire, ajoûtoit-il, &
„ je me repoſe entierement ſur
„ votre prudence. Tâchez de guérir
„ mon fils, & de lui faire quitter
„ l'Eſpagne ; mais je vous recom-
„ mande ſur tout de le conduire
„ avec bonté ; ſi vous croiez ſa
„ guériſon impoſſible, j'approuve-
„ rai tout ce que vous aurez fait,
„ &c. „

Cette lecture me fit admirer également la ſageſſe de Monſieur le
Duc, & ſon affection pour le Marquis. La confiance dont il m'ho-
noroit me toucha auſſi ſenſible-
ment. Je fis quelques reflexions ſur
la conduite que je devois tenir, &
ſur l'uſage que je ferois du plein
pouvoir qui m'étoit accordé. Dans
l'extrémité du péril où étoit Donna
Diana, ce n'étoit pas riſquer beaucoup que de la conſoler par l'aſſu-
rance d'être unie à ſon amant. Si
elle meurt, diſois-je, elle en mourra
plus contente, & ce ſera une douleur de moins pour le Marquis : ſi
elle ſe rétablit, nous la ferons con-
ſentir aiſément à attendre la fin de

nos voiages ; ou si l'impatience du
Marquis le rend sourd aux raisons
de Monsieur le Duc, nous pren-
drons notre parti selon les circons-
tances. Je ne vois plus rien qui
doive me faire appréhender ce mariage. Dom Diego est d'une ancien-
ne maison, il a servi son Roi avec
honneur, & dans un emploi distin-
gué ; sa fille est à present un parti
très riche, outre son mérite & sa
beauté qui la rendent digne d'une
couronne. Après avoir pris cette
résolution je cachetai la lettre
adressée au Marquis, & je remontai
à sa chambre. Je viens vous apprendre, lui dis-je, que le Brun
est de retour : voilà la lettre que
Monsieur le Duc vous écrit. Il
l'ouvrit avec une ardeur surprenante.
Mais lorsque je croiois qu'il alloit
la lire, il s'arrêta avec une espece
de frayeur pour me demander si je
ne savois pas déja ce qu'elle conte-
noit. Epargnez moi un coup mortel, me dit-il, je ne la lirai pas si
elle m'est contraire. Lisez, lisez,
lui dis-je, on n'a pas dessein de vous
ôter la vie. Il la lut, & comme

il avoit l'esprit très-pénétrant, il sentit tout d'un coup sur quel espoir Monsieur le Duc exigeoit des délais. Cependant il parut touché de sa bonté, & je vis quelques larmes couler de ses yeux. Je lui demandai s'il n'étoit pas content, & de quoi il pouvoit se plaindre. Non, me répondit-il, je ne me plains pas de mon pere; il me promet son consentement après nos voiages si je continue d'aimer, je le connois trop bien pour craindre qu'il manque à sa promesse: mais pourquoi espere t-il que mon amour pourra s'affoiblir, car c'est le but de son cruel retardement; & si je lui ai fait assez connoître que je suis incapable de changer, pourquoi me causer des tourmens inutiles en differant si longtems mon bonheur? Si vous vouliez faire attention, repliquai je, que votre mariage fixeroit tout d'un coup votre jeunesse, & vous priveroit de mille avantages qui sont encore nécessaires à votre éducation, vous conviendriez que Monsieur le Duc raisonne avec beaucoup de sagesse. Mais laissons aujourd'hui le foin de l'avenir. Donna Diana n'eft pas en état de penfer à des nôces. Bornons nous au prefent. Allez lui faire part de la lettre que vous venez de recevoir. Cette nouvelle qui la comblera de joie pourra contribuer à fon rétabliffement. Je confens même, fi vous voulez, que nous lui cachions qu'elle a d'autres délais à craindre que ceux de fa guérifon. nous nous rendîmes enfemble auprès de fon lit. Nous la trouvâmes affez tranquille. Elle prefenta la main au Marquis en le voiant approcher; car il fembloit que l'accident qui lui étoit arrivé les eût rendus plus familiers. Elle lui dit en le prévenant, d'une voix foible, mais les yeux attachez fur lui, & toûjours pleins de cette douce vivacité que toute la force de fon mal ne pouvoit éteindre : Cher Marquis, j'étois occupée d'une penfée bien affligeante. Je penfois que vous ne m'aimerez plus après ma maladie. Je perdrai peut-être ce peu de beauté qui vous avoit touché, & vous ne me verrez plus qu'avec indifference. Il

ne

ne médita point sa réponse. Quand votre maladie pourroit vous changer, lui dit-il, m'empêchera-t-elle de vous voir toûjours du même œil ? N'est-ce pas moi qui ai commencé à vous aimer ? Pourquoi voulez-vous que je puisse finir ? Non, non, quoique j'aie pris ma passion par les yeux, c'est dans le fond de mon cœur qu'elle est à present & je sens bien qu'elle n'en sortira jamais. Je vous en apporte des preuves, ajoûta-t-il, heureux ! si elles pouvoient vous causer quelque joie. Nos cœurs s'uniront, quand vous voudrez, pour ne se séparer jamais ; mon pere y donne les mains, & me permet de vous épouser. Mon valet de chambre arrive de Paris avec cette heureuse nouvelle. Y consentez vous, chere Diana, continua-t il en se jettant à genoux, & s'appuiant sur son lit ; votre cœur n'oppose-t il rien à ma félicité, & me rendra t-il heureux sans repugnance ? C'est entre vos mains qu'est maintenant mon sort, je veux qu'il dépende de vous toute ma vie.

Que l'amour est une étrange pas-

sion !

fion! Donna Diana malgré l'affoi-
bliffement où une mortelle bleffure
l'avoit réduite depuis neuf jours,
me parut plus charmante que jamais
après cette agréable affurance. Tout
le fang qu'elle avoit répandu n'empêcha pas que fon vifage ne fe cou-
vrit d'une couleur vermeille , & qu'il
ne fortit de fes yeux mille traits de
flamme. Elle ne répondit que deux
mots, mais qui fuffifoient pour exprimer tous fes fentimens.　Je ne
fouhaite la vie que pour être à vous,
lui dit elle en ferrant fa main , & je
prierois le Ciel de me la ravir fi
vous deviez ceffer de m'aimer.　Je
l'interrompis , dans la crainte que
trop d'agitation ne lui devînt nuifi-
ble.　Je confirmai le difcours du
Marquis, en l'affurant que Monfieur
le Duc de . . . . m'avoit écrit dans
les mêmes termes , & qu'elle feroit
reçue à la Cour de France avec admiration.　Le Chirurgien qui vint
un moment après , nous avertit
qu'un entretien fi animé arrêtoit fes
remedes : il nous pria de nous retirer.

Dom Diego étoit déja inftruit
du

du retour de le Brun, lorſque nous
lui apprimes le ſuccès de ſon voiage. Nous crûmes devoir lui découvrir en même tems le vrai nom du
Marquis. Il fut pénétré d'une vive
joie, & lui rendit mille graces de
l'honneur qu'il faiſoit à ſa famille.
Le Marquis l'embraſſa tendrement,
& le traita d'avance de ſon cher
pere. Il fit les mêmes careſſes aux
trois freres de ſon amante. Tout
le monde prit part à cette agréable
nouvelle, & la joie paroiſſoit commune. Mais helas ! elle devoit être
bien courte. C'étoit une eſpece de
délaſſement pour nous préparer à la
plus vive de toutes les douleurs. De
quoi ſervent toutes les précautions
humaines contre l'immuable diſpoſition des volontez de Dieu ! Les
remedes de l'art, les ſoins de l'amour, nos vœux, nos déſirs & nos
larmes, rien ne put conſerver au
Marquis l'aimable Donna Diana.
Je voudrois pouvoir éviter ce triſte
endroit de mon Hiſtoire. Je ſens
qu'il me ſera difficile de repreſenter
au naturel une ſcene ſi douloureuſe.
On ſera ſurpris avec raiſon que j'y

trou-

trouve cette difficulté, moi que tant d'évenemens tristes dont j'ai été le sujet ou le témoin, devroient avoir accoûtumé à parler le langage de la tristesse & la douleur. N'est-ce pas peut-être aussi que mon cœur en aiant fait une experience presque continuelle, en porte le sentiment à un excès auquel je ne trouve plus d'expressions qui puissent atteindre? Quoi qu'il en soit, voici la plus malheureuse avanture de nos voiages, & la plus rude épreuve où la vertu du Marquis ait été exposée.

Nous nous étions mis au lit assez tard, avec une opinion très-favorable de la blessure de Donna Diana. Le Marquis s'étoit endormi assurement dans les plus douces idées du monde. Je dormois moi-même d'un profond sommeil, lorsqu'on vint m'éveiller tout d'un coup avec violence. C'étoit le Chirurgien, qui me déclara nettement qu'il étoit trompé si Donna Diana avoit plus de deux heures à vivre. Que m'apprenez-vous? lui dis je: elle étoit hier si bien quand nous la quittames. Il me répondit qu'à parler juste
elle

elle n'avoit jamais été bien, mais qu'il en avoit néanmoins esperé quelque chofe jufqu'à cette nuit. Vous favez, ajoûta t-il, que je couche fur un matelas dans fa chambre; je me fuis approché d'elle vers une heure, & je l'ai trouvée fans poulx, & fans connoiffance. Mon elixir l'a fait revenir à elle, mais avec tant de fignes d'une mort prochaine, que j'ai defefperé de fa vie. J'ai fait avertir fon pere & le Curé, qui font actuellement dans fa chambre. Lorfque fes affaires ont été finies avec Dieu, elle a demandé avec empreffement à parler à Monfieur le Marquis. Je n'ofe lui porter une fi fâcheufe nouvelle, & j'ai mieux aimé commencer par vous même. M'étant levé à l'inftant, je le fuivis à la chambre de Donna Diana. Elle me demanda lorfque je fus auprès d'elle, fi je ne lui donnerois pas la confolation de voir fon cher Marquis avant que d'expirer. Je lui répondis la larme à l'œil que j'allois l'éveiller, c'eftà-dire lui porter le coup de la mort à lui même, en lui apprenant qu'il

étoit

étoit prêt de la perdre. Dans le
fond je me trouvai dans un extréme
embarras au fortir de la chambre.
Comment lui annoncer cette nouvelle? Comment l'expofer à voir
expirer à fes yeux fon amante? Encore fi j'euffe pû m'affurer qu'il en
feroit quitte pour des cris & des
larmes. Mais qui pouvoit me répondre de fa vie, foible encore
comme il étoit, frappé d'un coup
fi imprevû, tranfporté de douleur
& d'amour? Quelque touché que
je fuffe de la fituation de Donna
Diana, je balançai fi je lui accor-
derois cette fatisfaction; car enfin
le Marquis me tenoit lieu de tout,
& je n'avois rien de fi précieux à
conferver. Le Ciel me fecourut
dans cette peine, en m'infpirant
tout d'un coup un deffein, qui fer-
vit non feulement à procurer à ces
deux tendres amans l'unique témoignage d'amour qui leur reftoit à
efperer l'un de l'autre; mais encore
à moderer les tranfports du Marquis avant & après la perte de fon
amante. J'allai droit à fa chambre,
qui étoit depuis quelques jours proche

che de la mienne. Je le trouvai
éveillé. Monsieur, lui dis-je d'un
ton ferme pour lui inspirer d'abord
de la force, je viens de voir Donna
Diana qui m'a paru plus mal qu'hier.
Je souhaiterois que vous la vissiez
aussi. Vous ne sauriez marquer trop
d'affection pour une personne à qui
vous êtes si cher. Je vous dirai bien
plus : Monsieur le Duc votre pere
me laisse la liberté dans une lettre
que je ne vous ai pas fait voir, de
vous unir avec votre amante ; je
veux vous accorder ce matin cette
satisfaction : car enfin si le Ciel
disposoit d'elle, ce seroit pour vous
un souvenir consolant, que celui
d'avoir été son époux. J'ai eu soin
qu'on fit avertir le Curé. Levez-
vous, & venez si vous voulez avec
moi. Mais quoique je ne desapprou-
ve point votre douleur, je vous
recommande de vous rendre un peu
plus maître de vous-même, & de
ne pas marquer tant de foiblesse.
Songez que vous avez pour témoins
des Espagnols, qui savent estimer
la grandeur d'ame, & qui connois-
sent maintenant votre nom. Il ne

vous

vous feroit pas honorable de manquer de courage en leur préfence. En un mot vous avez la gloire de Monfieur le Duc & la vôtre à conferver: qu'un fi grand motif vous foutienne, & lorfque je fais pour vous beaucoup plus peut-être que je ne dois, fauvez-moi la honte de vous voir faire une lâcheté fous ma conduite.

Il me parut un peu étourdi d'une harangue fi fevere, mais c'étoit l'état où je voulois le mettre. Il prit fes habits avec empreffement. Je lui repetai plufieurs fois en allant, fur tout, Monfieur, point de foiblefle: fongez à vous, ne vous deshonorez pas. Nous entrâmes dans la chambre. Donna Diana étoit prefque expirante ; mais comme elle confervoit toute fa raifon, elle nous apperçut. Le Marquis jugeant bien par le trifte appareil dont elle étoit environnée qu'elle n'étoit pas éloignée de fa fin, alloit fe jetter à genoux auprès d'elle ; je l'arrêtai par la main, & le prefentant à Dom Diego qui étoit appuié contre le lit: Voilà, Monfieur, lui dis-je, le fils unique de Monfieur le Duc de. . .

vous savez de quelle tendresse il est rempli pour Donna Diana, souffrez pour satisfaire sa douleur & son amour qu'il s'unisse avec elle par des liens que la mort seule pourra rompre. Je vous demande cette grace pour lui, au nom de Monsieur le Duc son pere. Dom Diego répondit en versant des larmes, qu'il consentoit à ma demande, comme au plus grand honneur qu'il pût recevoir. Tous les assistans éclatoient en pleurs & en soupirs. Je priai le Curé de s'approcher. Donna Diana eut encore la force de tendre la main à son cher amant. Elle lui donna sa foi après avoir reçû la sienne, & le Prêtre leur accorda la bénédiction.

Je ne sai si l'on pourra lire ce recit sans émotion, mais il est certain que le cœur le plus insensible auroit été touché d'un si tendre spectacle. Le Marquis continuoit de tenir la main de son amante entre les deux siennes. Il la regardoit défaillir sans qu'il pût prononcer une parole. Chaque soupir qu'il lui voioit pousser lui tiroit une goute

te de fang du cœur. Pour elle on
l'entendoit dire quelquefois d'une
voix interrompue, & qui commençoit à s'éteindre : Adieu mon cher
Marquis , fouvenez-vous de moi;
je meurs votre époufe. De tems en
tems elle faifoit un effort pour lui
ferrer la main. Elle tourna une
fois les yeux fur moi, & elle me
dit en me montrant la main de fon
amant : C'eft à vous que j'en ai
l'obligation. J'affectois de les ex-
horter tous deux à prendre courage,
& à fe foumettre aux ordres du
Ciel : mais ma fermeté n'étoit que
fur mon vifage, & je me retournois
fouvent pour effuier des larmes que
je n'étois pas le maître de retenir.

Pourquoi m'occuper fi longtems
d'un fi trifte objet ? Enfin l'aimable
& l'infortunée Diana pouffa un
foupir qui fut le dernier de fa vie.
Elle eft morte , Monfieur , dis-je
au Marquis d'une voix ferme , il
n'eft plus queftion que de la recom-
mander à Dieu , & de fe fouvenir
d'elle. Je l'arrêtai entre mes bras
comme il fe jettoit fur fon corps.
Il fit des efforts violens pour m'é-
chap-

chapper, mais les forces lui man-
quant tout d'un coup, il tomba sur
moi sans connoissance. Scoti &
Brissant m'aiderent à le porter à sa
chambre, après que j'eus baisé res-
pectueusement la main de Donna
Diana que je ne devois jamais revoir.
Elle ne me parut pas changée par
la mort. Des traits aussi reguliers
que les siens ne pouvoient pas être
aisément défigurez : si l'on excepte
un peu de pâleur, on l'eut pris pour
une personne fatiguée qui dormoit
d'un sommeil doux & paisible.

J'aurois fait transporter sur le
champ le Marquis à cent lieues de
l'Espagne, si j'eusse cru le pouvoir
sans danger. Mais quelle apparence
de l'exposer sitôt aux agitations d'une
longue route ? quoique sa blessure
n'eût plus rien d'absolument dangereux, les chairs étoient encore dé-
licates & mal raffermies. L'ordre
du Chirurgien l'obligeoit à garder
un regime exact & à se menager
beaucoup. Je resolus donc de retourner à Madrid. En faisant ces
refléxions je travaillois à le retirer
de son évanouissement. Il n'eut pas

plû-

plûtôt repris la connoiſſance, qu'il jetta ſes regards autour de lui; & voiant que nous environnions ſon lit de maniere à prévenir tous ſes tranſports, il leva les yeux & les mains au Ciel avec un mouvement tout paſſionné. O Dieu! s'écria-t-il, ne me ſera t-il pas permis de la ſuivre! Faut il vivre ſans elle! Ah, mon cher pere! ajoûta-t-il en s'a-dreſſant à moi, pourquoi m'empê-chez vous de mourir? Je m'aſſis auprès de ſon lit, & je pris ſes deux mains dans les miennes. Hé quoi, lui dis je, mon cher Marquis, vous perdez tout d'un coup les ſentimens de courage dont je vous ai cru tan-tôt ſi rempli! Vous regardez la mort comme le ſeul remede de vos maux, & vous ne penſez pas que votre rai-ſon & votre generoſité peuvent ſuf-fire pour vous conſoler! Mon cher enfant, écoutez moi! Je ne vous demande qu'un moment de reflexion: de qui vous plaignez vous? Eſt-ce de Monſieur le Duc votre pere, qui vous a écrit d'une maniere ſi tendre, & qui n'a rien refuſé à vos déſirs? Eſt-ce de votre chere épouſe qui a

paru

paru si satisfaite d'emporter cette qualité en mourant, & qui s'afflige peut-être maintenant de vos pleurs, parce qu'elle ne desire que de vous voir tranquile & heureux ? Est ce de moi, qui vous regarde comme un cher fils, qui m'est plus précieux que moi-même, & qui ai fait pour vous jusqu'à present tout ce qu'une tendresse extrême a pu m'inspirer ? Il ne reste donc que Dieu que vous puissiez accuser de vos peines. Oui, c'est Dieu seul qui les cause, vous ne pouvez les attribuer qu'à lui. Voiez donc maintenant si vous prétendez resister à ses ordres, l'irriter par vos murmures, le combattre par vos transports, & le mépriser même en lui refusant votre soumission par un desespoir obstiné qui semble lui reprocher de l'injustice. Je ne veux point vous croire capable d'un si terrible excès d'impieté. Vous avez de la Religion, on ne peut-être honnête homme sans en avoir, voici le tems d'en faire usage. Allons mon aimable Marquis, ajoûtai-je, en l'embrassant avec tendresse, prenons nôtre malheur

en gens d'honneur & en Chrétiens.
Pleurons enfemble la charmante
Diana, mais refpectons le Ciel en
la pleurant, & méritons par une
douleur fi jufte & fi foumife que
Dieu lui même nous confole.

Je ne fai s'il faifoit quelque attention à mon difcours. Il avoit la
moitié du vifage appuiée fortement
contre fon oreiller, les yeux fermez,
quoique j'en viffe couler inceffam-
ment un ruiffeau de larmes ; & fes
mains, que je tenois, trembloient
quelquefois avec beaucoup de violence par un effet de la vive agitation de tous fes efprits. Vous ne
me répondez rien, repris-je d'un
ton plus trifte ; je vois bien que vous
n'avez plus d'amitié pour moi, &
que vous voulez me faire mourir
moi-même de chagrin. Il ouvrit les
yeux à ce reproche. Ah ! me dit il,
je vous aime toûjours ; mais mon
defefpoir n'eft il pas bien jufte ? que
ferai-je de la vie, fi vous ne me
permettez pas de mourir ? vous devriez me donner la mort par compaffion. Si vous me la refufez, ma
douleur me la donnera bien fans
vous.

vous. Je lui proposai de quitter le lieu funeſte où nous étions. Il me répondit que tout lui étoit indifferent, & que par tout où nous irions il ſauroit bien trouver un tombeau. Je profitai de ce conſentement, & aiant fait mettre Scoti à ma place, j'allai trouver Dom Diego qui étoit plongé dans une profonde triſteſſe. Je lui dis en deux mots que j'étois dans le deſſein de partir pour Madrid, & que je le priois de nous prêter un carroſſe; que le triſte état où étoit le Marquis m'obligeoit à ce depart précipité, & ne nous permettroit pas d'aſſiſter aux funerailles de Donna Diana, mais qu'auſſitôt qu'il commenceroit à devenir un peu plus tranquile, nous ne manquerions pas d'aller chez lui pour lui marquer notre reconnoiſſance, & l'aſſurer d'une éternelle amitié. Il voulut m'accompagner à la chambre du Marquis. Je le conjurai de ne pas même paroître devant lui, parce que ſa préſence ne feroit qu'irriter ſon deſeſpoir. J'y avois laiſſé ſes trois fils, & je lui dis que cela ſuffiſoit. J'y retournai pendant

qu'on

qu'on préparoit le carrosse. Un
moment de mon absence y avoit
causé bien du desordre. A peine
avois-je été dehors, que le Marquis
étoit retombé dans un transport
plus vif que jamais. Il avoit fallû
des efforts infinis pour le retenir,
& l'empêcher d'attenter sur soi-
même. Il vouloit aller à la chambre de son amante, pour la voir
encore, & expirer auprès d'elle.
Sa douleur s'exprimoit d'une maniere si tendre & si vive, que je
trouvai tous les assistans les larmes
aux yeux autour de lui. Ma présence parut le calmer un peu. Partons, lui dis-je, allons chercher un
sejour plus heureux. Je lui fis prendre malgré lui quelque nourriture
pour le fortifier ; il ne prononça
plus un seul mot jusqu'au moment
du départ. Nous nous mîmes dans
le carrosse, & nous arrivâmes le
soir chez Dom Porterra. On juge
bien que je ne fus guéres tranquile
sur la route, & que j'eus besoin
d'une continuelle attention pour le
moderer.

Quelques jours se passerent. Mes
in-

instances, celles du Comte de Mancenez & de tous nos amis le firent
enfin renoncer au dessein de mourir.
Mais lorsque j'eus tiré de lui cette
promesse, il me dit ; Je vous promets trop, & peut-être plus que je
ne puis vous tenir. Je lui répondis
que sa parole étoit un gage qui me
rassuroit entierement, que je comp-
tois d'ailleurs extrémement sur son
courage ; qu'il falloit qu'il achevât
promptement de se guérir pour quitter l'Espagne & fuir des lieux qui
lui avoient été si funestes ; que je
lui promettois de ne jamais combattre sa douleur tant qu'elle seroit
raisonnable, & qu'il trouveroit toûjours en moi un ami tendre & fidele dans le sein duquel il pourroit
verser librement ses pleurs. Il m'embrassa en m'assurant que depuis qu'il
avoit perdu sa chere Diana j'étois
ce qu'il avoit de plus cher au monde. Cette maniere de le consoler
en entrant dans ses peines & en
flattant sa tristesse, me sembla le
meilleur de tous les remedes. Il
me réussit mieux que n'auroit fait
une morale étudiée, & des remon-

 tran-

trances feveres qu'il n'étoit point
en état de goûter. Le Comte de
Mancenez m'avoit propofé plufieurs
fois d'aller voir la belle maifon de
l'Efcurial , où il avoit un parent
Religieux parmi les Jeronimites. Je
tâchai d'engager le Marquis à faire
ce petit voiage. J'efperois de le ra-
mener de là , finon confolé , du
moins affez maître de fon trouble
pour voir nos amis , prendre congé
d'eux , & nous mettre enfuite en
chemin pour Lisbonne. Le Roi
étoit revenu à Buen-retiro , ce qui
devoit nous donner plus de liberté
à l'Efcurial. Nous partimes après
que le Comte eut envoié un laquais
à fon parent pour l'avertir de notre
arrivée. Il étoit Procureur du Mo-
naftere de Saint Laurent ; c'eft-à-
dire qu'il y étoit le maître , car ces
fortes d'emplois donnent un plein
pouvoir parmi les Moines. Nous
nous reffentimes de fon autorité par
la bonne chere qu'il nous fit faire
pendant trois jours. Il avoit l'humeur gaie & vive , & le tour d'efprit agréable. Le Comte l'avoit
prévenu fur la triftefle du Marquis,
de

de sorte qu'il n'épargna rien pour le divertir & lui inspirer de la joie. Il nous fit voir les appartemens du Roi, l'Eglise qui est magnifique, & la Chapelle inferieure où sont les Maufolées des Rois d'Espagne. Il nous conduisit aussi dans les deux Bibliotheques ; où nous vimes plusieurs Religieux un livre à la main, qui paroissoient travailler avec application. L'étude est ici en honneur, nous dit-il, & vous trouverez peu de Religieux en Espagne qui aient plus d'inclination que nous pour les lettres. Il est sorti de cette maison quantité de bons ouvrages, dont l'Eglise & l'Etat ressentent l'utilité, & c'est à nos Savans que nous devons l'estime dont le public nous honore. La Providence s'en mêle, ajoûta-t-il, car il est surprenant qu'il se trouve quelqu'un parmi nous qui ait le courage d'essuier les peines de l'étude. Je ne parle point des peines propres du métier, elles font douces quand l'inclination s'y trouve ; je parle des manieres dures que notre Superieur Général prend à l'égard de

C 4

ceux

ceux qui étudient. Ni diſtinction, ni faveur. C'eſt un homme groſſier, ſans naiſſance & ſans mérite, qui s'eſt élevé je ne ſai par quels moiens au rang qu'il occupe, & qui ne fait point de cas des Savans, parce qu'il ignore juſqu'aux premiers élemens des Sciences. Cela eſt vrai, répondit le Comte de Mancenez ; il eſt connu ſur ce pied-là dans le public; mais votre conſolation doit être qu'il eſt trop vieux pour qu'il puiſſe vivre long tems. Il faut que vous faſſiez connoître à ces Meſſieurs, continua-t-il, celui que tout le monde lui ſouhaite pour ſucceſſeur, & dont vous m'avez parlé tant de fois avec éloge. Il eſt auſſi aimable, repliqua le Procureur, que l'autre eſt bruſque & farouche. Vous verrez un homme qu'un long commerce du monde a poli, & qui a rapporté de la Cour de Rome où il a demeuré longtems une experience conſommée, & les manieres les plus civiles; ſans y avoir pris cet air double & miſterieux qu'on acquiert ordinairement en Italie : de ſorte qu'il eſt tout à la fois d'un

Ca-

caractere aimable & ouvert dans la
societé , & d'un esprit très-delié
pour les affaires. Je marquai quelque curiosité de connoître un Religieux de ce mérite. Elle fut satisfaite le soir. Il étoit Superieur particulier de Saint-Laurent. Il vint en
cette qualité nous tenir compagnie
à souper , nous ne trouvâmes dans
son entretien que de nouvelles raisons de l'estimer. J'ai cru devoir
aux civilitez que nous reçûmes de
lui le court éloge que j'ai fait de son
mérite. Il s'appelloit le pere Codra-
nos. Le Procureur continua à nous
parler des Religieux de cette Maison
qui faisoient profession d'aimer l'é-
tude. On ne sera pas fâché de voir
ici leurs noms & leurs talens , tels
qu'il nous les fit connoître.

Le premier & le plus ancien se
nommoit le Pere Benito. Il étoit
homme de condition. Toute sa
vie avoit été emploiée à l'étude.
L'Espagne est innondée de ses ouvrages. C'étoit un Savant d'une
érudition vaste, & qui embrassoit
tout. Une memoire heureuse , une
ardeur infatigable pour le travail ,

ses

fes voiages, fes recherches, & la multitude de fes volumes, l'ont mis dans un rang diftingué parmi les Auteurs Efpagnols: Mais dans le fond il ne faut pas chercher chez lui le choix du bon, le difcernement du meilleur, le goût du ftyle, même dans fa Langue naturelle, l'exacti-tude & la profondeur de la critique. C'étoit un homme en un mot qui favoit mediocrement plufieurs Lan-gues, qui travailloit beaucoup, & qui a compofé un grand nombre d'ouvrages.

Un autre que nous vîmes dans la Bibliotheque, avoit entrepris le Recueil de tous les Hiftoriens de la Monarchie Efpagnole. Son nom étoit le Pere Quibetos. L'entreprife paffe fes forces, nous dit le Procu-reur en branlant la tête, s'il n'étoit queftion que de nous donner le texte de chaque Auteur en le copiant exactement fur les Manufcrits ou fur les Livres déja imprimez ; je crois qu'on pourroit attendre de lui quelque chofe d'exact : mais de bonnes differtations, des éclair-ciffemens, un jugement fûr du mérite

rite & de l'utilité de chaque Histo-
rien, des conciliations de tems ou
de faits, c'est ce que personne ne
croit qu'il puisse executer. Il faut
pour cela de l'esprit, du discerne-
ment, & une profonde connoissance de l'Histoire. Cependant, ajoûta-
t il, il a pris avec lui un associé qui
est habile homme, & dont il pourra
tirer de grandes lumieres. On l'appelle le Pere Telos.

Nous en vîmes quantité d'autres, dont le Procureur nous fit
successivement le portrait. Le Pere Ramnes, homme versé dans la
lecture des Peres, & dans l'Histoire Ecclesiastique. On a de lui quelques ouvrages d'une exactitude qui
lui fait honneur. Le Pere Vedro,
ancien Professeur de Theologie:
c'est-à-dire qu'il y avoit plusieurs
années qu'il l'avoit enseignée, car
il n'avoit point exercé ce métier
longtems, & le Procureur nous
dit qu'il y paroissoit bien à ses ouvrages. C'étoit d'ailleurs un esprit
fin & cultivé, qui étoit propre surtout à composer de petites Pieces.
Le Pere Sipes Auteur d'une Histoi-

re célebre dont le nom m'a échappé : fon Livre a fait la fortune de l'Imprimeur. C'étoit un jeune homme qui avoit beaucoup d'efprit & de lecture, mais un peu trop prévenu de fon mérite. Nous eumes un moment de converfation avec lui. Il me montra quelques Pieces de Vers François qu'il avoit mis, me dit-il, en mufique ; il m'affura qu'ils étoient de fa façon. Je les favois néanmoins par cœur depuis plus de dix ans. J'admirai cette rencontre comme une efpece de Phenomene Litteraire.

Le Procureur nous fit remarquer deux Religieux de bonne mine qui conteftoient enfemble au coin d'une fenêtre, apparemmenr fur quelque point d'érudition. Voiezvous, me dit-il, celui qui a le vifage plein & vermeil ? il s'appelle le Pere Erafmos. C'eft un homme qui a beaucoap d'efprit & de facilité pour le travail. Il s'eft chargé d'un ouvrage confidérable, il eft capable de s'en tirer avec honneur. Il a l'humeur gaie, il tourne agréablement un bon mot ; il aime fes amis.

amis, & les sert avec zele dans l'occasion, enfin il a mille qualitez estimables. D'un autre côté voulez-vous connoître un bourru fieffé, un misanthrope, un atrabilaire, un homme qui hait le travail, & qui a l'esprit pesant, un médisant qui ne ménage ni ceux qu'il hait, ni ceux qu'il aime.... Ha ha, interrompis-je, vous parlez sans doute de celui qui est avec le Pere Erasmos : voilà deux hommes d'un caractere bien different. Point du tout, me répondit-t-il, je vous parle du même homme : c'est le Pere Erasmos lui-même qui réunit toutes ces contra-rietez. Il n'y a qu'à le voir dans des momens differens. Tantôt il est tel que je vous l'ai représenté d'abord ; un instant après on ne le reconnoît plus. On diroit que cet étrange homme a deux ames qui prennent le dessus tour à tour, & qui sont opposées dans toutes leurs inclinations. Il est animal raisonnable comme vous & moi, mais on ne voit jamais que la moitié de ce qu'il est ; quelquefois il est raisonnable, & quelquefois ce n'est

C 7   qu'un.

qu'on animal. L'autre Pere qui est
avec lui se nomme le Pere Tilman.
Il a du savoir & de l'érudition ; mais
comme il n'a pas la tête des plus
fortes, on craint qu'à force de la
charger la voiture ne se brise. Le
Procureur nous fit ainsi passer en
revûe la plûpart des Religieux de
son Monastere. Le tour qu'il donnoit à ses louanges ou à sa critique
nous divertit agréablement. J'eus
soin le soir d'écrire tout ce que je
pus rappeller de cette conversation,
& je la mets ici telle que je la trouve encore sur mes tablettes. Elle
servira du moins à faire connoître
que les sciences ne sont pas négli-
gées en Espagne, & que le Monastere de Saint Laurent de l'Escurial renferme quantité de personnes de mérite. Il m'en est échappé
plusieurs dont je n'ai pu rappeller
les noms.

Le Marquis parut insensible à
tout ce que le Pere Procureur fit
pour le réjouir. Il ne prêtoit pas
même l'oreille à la conversation.
Son ame étoit au tombeau de Donna Diana. Je l'excitois quelquefois

pour

pour interrompre ses tristes rêveries :
il me prioit d'être sans inquiétude,
& il m'assuroit qu'il étoit tranquile ;
mais ses soûpirs le trahissoient, &
souvent même des pleurs échappez
malgré lui. Nous quittâmes l'Escurial après y avoir demeuré trois
jours. Etant retournez à Madrid,
je ne songeai plus qu'à hâter nos
adieux pour sortir promptement
d'Espagne. Je balançai longtems
si je partirois sans avoir vû mes
parens qui demeuroient en divers
endroits du Roiaume, ou du moins
sans me faire connoître de l'un
d'eux, qui étoit ordinairement à la
cour. Je l'avois vû souvent, mais
comme s'il n'eût été pour moi
qu'un étranger. Enfin je pris la
résolution de n'en voir aucun.
Peut-être faudra-t-il, me disois-je,
non seulement leur apprendre mon
nom, mais leur prouver ma naiss-
sance. Les Espagnols sont fiers.
Je ne suis point d'ailleurs en état de
les voir avec plaisir. Je donnai
ordre à Scoti de se préparer au
voiage de Lisbonne. Pour nos visites d'adieu, j'aurois souhaité de
pou-

pouvoir nous difpenfer de celle que nous devions à Dom Diego de Velez. Je ne prévoiois que trop la douleur qu'elle coûteroit au Marquis. Mais la bienféance le demandoit fi abfolument, qu'il fallut s'y réfoudre. Nous commençames néanmoins par M. le Duc de Montalto. Nous ne l'avions pas vû depuis qu'il étoit venu lui-même voir le Marquis à Buen-retiro. Le bruit public lui avoit appris nos malheurs. Il fit mille careffes au Marquis, & il eut l'attention de ne lui rien dire qui pût renouveller le fouvenir de fa perte. Il le pria de lui donner de fes nouvelles, à quelque éloignement qu'il pût fe trouver de l'Efpagne; & lorfque nous lui eumes appris que nous prenions le chemin de Lisbonne, il nous offrit des Lettres de recommandation pour divers Seigneurs de cette Cour. Nous les acceptames, quoique nous en euffions apporté de Paris, & que nous n'euffions deffein d'en faire ufage qu'à l'extrémité du befoin. Le dernier adieu fut très-tendre. Cet aimable Seigneur

gneur nous embraſſa mille fois, &
nous pria de le regarder toûjours
comme un de nos meilleurs amis.
Nous allâmes de là chez la plûpart
des perſonnes de Madrid de qui nous
avions reçû des marques d'amitié
ou de civilité. Je remis au lendemain nos deux plus cheres viſites,
je veux dire celle de Monſieur le
Comte de Mancenez, & celle de
Dom Diego. Allons voir nos
chers amis, dis-je au Marquis;
commençons par l'aimable Comte
de Mancenez qui vous a marqué
tant de tendreſſe, & pour qui vous
ne ſauriez avoir trop de reconnoiſſance & d'amitié. Je l'avois fait
avertir par un laquais. Il ſe mit à
pleurer en nous voiant. Nous fîmes
la même choſe de nôtre côté, &
nous demeurâmes ainſi quelque
tems ſans avoir la force d'ouvrir la
bouche. Donna Eliſa accourut
lorſqu'elle eut appris notre arrivée,
& nous trouvant dans cette triſte
ſituation, elle ſe mit à pleurer avec
nous. Enfin je pris la parole pour
leur marquer à quel point nous
étions touchez de leurs manieres

gé-

généreuses, & de la constance de leur amitié. Nôtre entretien fut tel qu'on peut se l'imaginer. Il fallut leur promettre de dîner pour la derniere fois avec eux. On ne put s'empêcher de tomber plusieurs fois sur l'infortunée Donna Diana, & les larmes recommençoient toûjours. La sincere amitié cause des sentimens aussi tendres & presque aussi violens que l'amour. Nous quittâmes cette charmante sœur & cet aimable frere avec des regrets qui ne peuvent être exprimez, & nous leur jurâmes un attachement & un souvenir éternel. Le Comte voulut encore nous accompagner chez Dom Diego. Il nous attendoit, je l'avois fait avertir aussi. Le Lecteur me pardonnera si j'évite la memoire de cette douloureuse entrevûe. Il m'en coûte trop, lorsque je rappelle une tristesse que j'ai sentie. Mon cœur s'émeut encore, & les traces de mes plus anciennes douleurs se renouvellent. Je ramenai le Marquis dans un état à me faire balancer si nous partirions le lendemain, suivant les ordres que j'avois donné

à

à Scoti. Cependant la nuit le remit
un peu. Toutes les mesures étoient
prises. Nous partimes de grand
matin dans nôtre chaise, avec des
chevaux de poste. Nos gens cou-
roient aussi. Ils étoient quatre ;
l'illustre Brissant aiant obtenu du
Marquis la permission de nous
suivre.

MEMOIRES

DU

MARQUIS DE ***

LIVRE DIXIEME.

UN homme qu'on délivre tout d'un coup d'un fardeau pesant, n'est pas plus soulagé que je le fus en sortant de Madrid. Ma respiration me sembloit plus douce & plus libre, comme si l'air où nous entrions eût été moins épais, ou comme si l'on m'eût ôté le poids qui me tenoit la poitrine oppressée. J'embrassai le Marquis avec un mouvement de joie, que je n'avois pas senti depuis long-

longtems. N'êtes-vous pas content de notre départ, lui dis-je, n'éprouvez vous pas déja que l'éloignement pourra servir à rendre un peu de tranquillité à votre cœur? Il me répondit en soupirant, qu'il falloit de plus grands remedes pour des maux tels que les siens; qu'en vain s'éloignoit-il de Madrid pour retrouver la paix, puisqu'il portoit une image au fond de son ame, qui y entretiendroit toute sa vie le trouble & la douleur. N'éspérez pas, continua t-il que je reprenne jamais l'humeur que vous m'avez connue. Je vivrai, puisque le Ciel me l'ordonne: mais je veux vivre dans la tristesse; j'y trouve de la douceur, & tous les plaisirs du monde en auroient moins pour moi, que les larmes que vous me voiez repandre. C'est un bien du moins que personne ne pourra m'arracher.

Il n'étoit pas encore tems de le combattre par des raisonnemens, ni de prétendre le guérir tout-à fait. Je me contentai de lui dire que j'espérois beaucoup, du tems & de son courage; que je ne condamnerois ja-

jamais une douleur moderée, &
qu'il étoit bien juste qu'il conservât
toute sa vie le souvenir d'une personne dont il avoit été aimé tendrement. Nous n'eumes point d'autre
avanture en chemin, que celle qui
arriva au Marquis dans un village
au-delà de Plazentia, où nous nous
étions arrêtez pour passer la nuit. Il
lui prit envie de sortir de la maison,
tandis qu'on nous préparoit à souper.
Ses réveries le conduisirent dans un
bois fort grand, qui étoit proche
du lieu ; & s'y étant enfoncé im-
prudemment, il s'égara de telle
sorte, qu'il ne pût retrouver son
chemin. Surpris de ne le pas voir
revenir, je le fis chercher de tous
côtez jusqu'à la nuit. On ne m'en
apprit point d'autres nouvelles, si-
non qu'il étoit entré dans le bois,
sans que personne l'en eût vû sortir.
Je tombai dans une inquiétude extrême. Je fis allumer de la paille en
cent endroits, & je mis à sa suite
plus de vingt personnes du village,
qui connoissoient tous les endroits
écartez du bois. Enfin vers minuit,
c'est à dire, après que j'eus passé

trois

trois ou quatre heures dans une mortelle allarme, je le vis revenir à cheval avec deux jeunes Espagnols de son âge. Il me fit des excuses de son retardement, dont il rejetta la cause sur les deux Messieurs qui l'accompagnoient. Il me dit que s'étant égaré dans le bois, & cherchant le moien d'en sortir, il les avoit rencontrez, qui venoient de la chasse ; qu'il leur avoit appris son embarras en les priant de le remettre dans son chemin ; mais qu'au lieu de lui accorder cette grace, ils lui en avoient fait une autre en le trompant par honnêteté ; qu'ils l'avoient conduit à leur château, qui étoit de l'autre côté du bois ; qu'ils l'avoient forcé de souper avec eux, & qu'il se seroit laissé même engager à y prendre un lit, s'il n'avoit appréhendé que son absence ne me causât trop d'inquiétude. J'étois si content de le revoir, que j'oubliai aisément la peine où il m'avoit jetté. Les deux Espagnols étoient de jeunes gens de condition, qui avoient été charmez de cette rencontre ; & voiant à notre figure & à notre équi-

page,

page, que nous n'étions point des
personnes du commun, ils firent
leurs efforts pour nous retenir quelques jours dans leur terre. J'étois
trop résolu de quitter l'Espagne
pour y consentir. Cependant nous
reçumes civilement leurs honnête-
tez. Ils passerent le reste de la nuit
avec nous & nous raconterent
plusieurs singularitez curieuses du
Roiaume de Leon, où Plazentia est
située. Rien ne me parut plus extraordinaire que ce qu'ils nous apprirent des magiciens ou sorciers;
dont ce païs est rempli. En rappor-
tant ces sortes d'histoires, je n'en
garantis pas la vérité; il me suffit
d'être fidele dans la rélation que j'en
fais, & d'écrire les choses telles que
je les ai entendues. J'étois à la
chasse, il n'y a pas plus de deux
mois, nous dit l'un des deux jeunes
Espagnols, avec un valet qui menoit mes chiens. Après une journée
assez heureuse, je passai par le bois
où Monsieur s'est égaré ; le tems
m'aiant paru commode pour l'affut,
j'ordonnai à mon valet d'aller m'attendre à la sortie du bois, & je
mon-

montai fur un arbre dans l'efpéran-
ce de tuer un chevreuil ou un fan-
glier. A peine y avois-je été un demi
quart d'heure, que je vis courir un
grand loup qui s'arrêta à vingt pas
de moi ; dans le moment que j'allois
tirer, il fe dépouilla de la peau dont
il étoit couvert, & je n'appercus
plus qu'un homme affis au pied d'un
arbre, & qui paroiffoit fatigué. Ma
furprife fut extrême, mais elle redoubla un inftant après, lorfque
j'eus vû venir un autre loup du côté
oppofé, s'affeoir avec le premier,
devenir homme après s'être auffi
dépouillé de fa peau, & s'entretenir avec fon voifin. La peur fe
joignit alors à l'étonnement ; je
m'imaginai que fi ce n'étoit pas deux
diables, c'étoit du moins deux for-
ciers ; & comme ces malheureux
font capables des derniers crimes,
j'étois tremblant fur mon arbre, &
je me cachois de quelques branches
fans faire le moindre bruit. Enfin,
après un entretien d'une heure, ils
fe leverent, reprirent leur peau, &
avec elle toute la figure de deux
véritables loups: ils s'acheminerent

Tome IV.　　　　　D　　　　vers

vers l'endroit où mon valet m'attendoit : mes chiens les fentirent
ou les apperçurent ; j'en avois ce
jour là quatre des plus vigoureux :
ils échaperent à mon valet qui les
tenoit en leffe, & fe mirent après
les deux loups. J'entendis les cris
du valet, & le bruit des chiens. Je
mis deux balles mordues dans mon
fufil, ne doutant point qu'ils ne
repriffent leur chemin vers moi, &
je me difpofai à tirer ; ils pafferent
effectivement à dix pas ; j'en blef-
fai un qui tomba, & que je crus
mort. Je defcendis de l'arbre ; mes
chiens l'environnoient en jappant
d'une force extraordinaire, mais ils
n'ofoient l'approcher. Mon valet
arriva dans l'inftant : nous allions
percer ce miferable de coups de
poignards, fans favoir s'il étoit
homme ou loup, & uniquement
pour ma fûreté. Mais lorfqu'il vit
fa mort inévitable, il me demanda
la vie d'une voix trifte & humiliée,
en m'appellant par mon nom. Je
lui fis ôter fa peau par mon valet :
elle étoit attachée fous fon ventre
avec des agrafes. Je le reconnus

pour

pour un païſan d'un village voiſin. Malheureux, lui dis-je, tu mérite- rois le dernier ſupplice. Où allois- tu ? Quel eſt ton deſſein ? Il me répondit que je l'avois bleſſé mor- tellement, & qu'il me prioit de lui faire donner du ſecours. Tu m'ap- prendras auparavant, repliquai je, ce que c'eſt que l'horrible état où je te trouve, & comment tu peux courir comme un loup, puiſque tu es un homme. Il me dit en trem- blant, que c'étoit un ſecret qu'il avoit appris de ſon pere ; qu'il en avoit quantité d'autres auſſi ſurpre- nans, & qu'il me les apprendroit volontiers, ſi je voulois lui ſauver la vie. Je donnai ordre à mon valet de le charger ſur ſes épaules, parce qu'il étoit trop bleſſé pour marcher, & je le fis porter ainſi au château. Il étoit ſi affoibli, que je ne tirai que quelques paroles de lui en mar- chant. Comme nous entrions dans ma cour, & que j'appellai du mon- de pour le faire enfermer dans une chambre, où mon deſſein étoit qu'on en prît ſoin, mon valet fut précipité rudement par terre ; je

crus

crus d'abord qu'il fuccomboit fous
fon fardeau, & que c'étoit laffitu-
de ; mais s'étant relevé auffitôt,
nous ne vîmes plus le malheureux
qu'il avoit apporté. Je ne puis vous
dire ce qu'il devint, ni par quel art
il pût nous échaper fi brufquement.
Ce qui eft certain, c'eft que la nuit
n'étoit pas fombre, & que j'aurois
dû l'appercevoir, s'il s'étoit enfui
d'une maniere naturelle.

Le Gentilhomme Efpagnol nous
attefta par cent fermens la vérité de
cette avanture. Son compagnon ne
manqua pas de nous en raconter
auffi quelques-unes avec le même
détail de circonftances, & les mêmes précautions pour exciter notre
foi. Ils nous protefterent tous deux,
que rien n'étoit plus commun aux
environs de Plazentia, que de voir
des grêles & des tonnerres dans les
jours les plus fereins, des mortali-
tez d'animaux, des changemens
d'hommes & de femmes en differentes efpeces de bêtes, des enleve-
mens d'enfans dès le berceau, &
fous les yeux de leur mere, fans
qu'elles apperçuffent les Raviffeurs;
des

des assemblées nocturnes, où l'on prétendoit qu'il se passoit mille choses abominables. Qu'on enterre un mort, ajoûterent-ils ; si c'est une personne dont la constitution fût bonne avant sa maladie mortelle, on trouve sa fosse ouverte deux heures apres l'enterrement, & le cadavre a disparu ; souvent même il est enlevé avant que d'être enseveli. Le Maître de l'Auberge où nous étions, qui étoit debout à nous écouter, assura que le corps de sa femme avoit été emporté de cette maniere, & que trois jours après il avoit été rapporté dans la chambre où elle étoit morte ; de sorte qu'il avoit pensé mourir de fraieur en la retrouvant nue sur une table, au moment qu'il s'y attendoit le moins. Elle avoit, nous dit-il, le ventre & l'estomac ouvert, & l'on en avoit tiré le cœur, le foie, & tout ce qu'on appelle les parties nobles.

J'ai naturellement un peu d'incrédulité pour tous les événemens surnaturels : ainsi, quelque bonne idée que j'eusse de nos deux Espa-

gnols,

gnols, je regardois leur récit comme un conte inventé pour nous divertir, & je ne pus m'empêcher de
leur en témoigner quelque chose
en badinant. Ils continuerent à me
protester qu'ils étoient sinceres :
mais ils ne m'auroient pas persuadé
davantage, si je n'eusse été forcé
par ce que je vis un moment après,
à croire qu'il se passe effectivement
des choses étranges dans cette partie de l'Espagne.

Il étoit environ une heure après
minuit, on frappe à la porte de
l'Auberge avec violence, le Maître
de la maison y court, & comme il
n'avoit point d'autre chambre pour
ses hôtes, que celle où nous étions,
& où il y avoit plusieurs lits, il re-
vient pour nous prier de recevoir
avec nous un Cavaliero qui venoit
d'arriver. Nous lui dîmes que cela
étoit juste. Le Cavaliero entra,
c'étoit un homme de trente ans ;
bien mis & d'une belle taille, mais
pâle & foible, au point de ne pouvoir se soûtenir : son valet l'aidoit
à marcher : il poussa un profond
soupir après s'être assis ; & il demanda

da à l'Aubergiſte, s'il ne ſe trouveroit pas quelqu'un dans le village, qui pût le ſaigner. Il y avoit
une façon de Chirurgien qu'on alla
chercher ſur le champ. Pendant ce
tems là, nous fîmes un compliment
honnête à l'étranger ſur ſon incommodité. Ah! Meſſieurs, nous répondit il, je ſuis hors de moi, mon
ſang eſt encore glacé de fraieur. Ce
que je viens de voir, me ſera pré-
ſent toute ma vie. Nous le priâmes
de nous faire part d'une avanture
dont il paroiſſoit ſi frappé. Aurai je
aſſez de force pour la raconter, reprit il avec un ſoupir. Je viens de
Talavera; je vais voir l'Evêque de
Plazentia qui eſt mon oncle. Cette
nuit ſur les dix heures, je traverſois
le bois qui eſt proche d'ici, dans
le deſſein de gagner cette Auberge
pour y demeurer juſqu'au jour. Je
connois les chemins; j'ai fait la
même route pluſieurs fois. Etant
au milieu du bois, j'ai entendu des
cris étonnans, qui ne me ſembloient
pas venir de bien loin; & croiant
reconnoître que c'étoit la voix d'une
femme, un mouvement de pitié m'a

D 4

fait

fait pouffer mon cheval vers le lieu
où elle étoit, pour lui donner du
fecours. Je l'ai trouvée feule dans
un endroit découvert, & fans ar-
bres. Elle s'eft avancée vers moi
avec des hurlemens effroiables; fes
cheveux étoient épars, fes yeux éga-
rez, & tous fes mouvemens pleins
de fureur; l'écume lui fortoit par
la bouche. La voiant feule, & rien
autour d'elle, qui pût la troubler,
je l'ai prife d'abord pour une folle,
& j'étois prêt à retourner au chemin; mais elle s'eft jettée à genoux,
& les mains jointes, elle m'a con-
juré de ne pas l'abandonner Qu'a-
vez vous donc? lui ai - je dit, on
ne vous fait aucun mal; de qui
vous plaignez-vous? Ah! Monfieur,
m'a-t-elle répondu, ne me quittez
pas, je fuis perdue fi vous me refufez votre fecours. Je lui ai demandé de quelle forte de fecours elle
avoit befoin. Helas! à t-elle repris,
je vous demande fi peu de chofe,
faites feulement un cercle autour
de moi. J'ai balancé pendant quelque tems, & je me confirmois dans
la penfée qu'elle étoit folle : cependant

dant elle a redoublé si vivement ses instances, & avec tant de marques de desespoir, que regardant ce qu'elle souhaitoit comme une bagatelle, j'ai tiré mon épée, & sans descendre de cheval, j'ai tracé un cercle autour d'elle avec la pointe. Elle a paru plus tranquille au milieu du cercle. Mais Dieux ! qu'ai-je vû tout d'un coup ? Cinq hommes d'une structure démesurée, & d'un visage affreux, sont sortis de l'épaisseur du bois, plus vîte que je ne le puis dire. Ils ont saisi la malheureuse femme ; & l'ont mise en pieces à mes yeux, à peine a-t elle eu le tems de jetter quelques cris lugubres, qui m'ont pénétré d'horreur jusqu'au fond de l'ame. Ce n'est pas tout. Un de ces monstres infernaux m'a frappé avec violence d'un membre sanglant qu'il avoit entre les mains, en me disant d'une voix terrible : Tien, voilà un reste de la proie que tu as voulu nous arracher. Ils ont disparu au même instant. Je suis tombé sans connoissance, mon valet s'est évanoui de son côté. Heureusement nos che-

D 5

vaux

vaux ne se sont point éloignez.
Etant revenu à moi, je me suis
trouvé si affoibli, que j'ai été con-
traint de demeurer couché sur l'her-
be pendant deux ou trois heures,
sans pouvoir remonter à cheval.
Enfin je me suis soûtenu sur la selle
le mieux que j'ai pu jusqu'ici, &
vous me voiez aussi consterné, que
si j'avois encore cet affreux spectacle devant les yeux.

Toute mon incrédulité ne put
tenir contre un fait si récent, & si
bien circonstancié. D'ailleurs le
triste état de l'Espagnol servoit de
preuve à son récit. C'est l'unique
fois de ma vie, que j'ai cru trouver
des raisons assez fortes pour me
convaincre de la réalité des sorciers,
& de la magie. Je ne vois point
comment on pourroit expliquer
naturellement une avanture si extraordinaire, & je suis persuadé avec
toute l'Espagne, qui en a été in-
formée, que ce fut un effet de la
Justice de Dieu, & de la malice du
démon, pour punir une miserable
qui avoit mérité ce châtiment par
ses crimes.

Nous

Nous arrivâmes trois jours après à Lisbonne. Cette ville est grande & belle. Nous emploiâmes les premiers jours à la parcourir, & à visiter ses principaux ornemens. Le peuple nous y parut plus appliqué & plus laborieux qu'en Espagne. C'est le plus beau spectacle du monde, que cette multitude infinie de vaisseaux, qu'on voit continuellement sur le Tage, au long de la ville, qui est bâtie sur ses bords. Elle a du moins deux lieues de longueur: ses rues sont belles: la plûpart des maisons d'une structure réguliere; & le palais du Roi, quoiqu'antique, est vaste, & digne d'un grand Prince. Nous n'eumes pas de peine à faire des connoissances : les Seigneurs Portugais sont affables & civils. Dès le quatriéme jour après notre arrivée, le Marquis se trouva en liaison avec le Marquis de Tordas, parent du Comte d'Ericeira, qui est célébre en France par la traduction Portugaise, qu'il a faite de l'Art poétique de Boileau. Nous étions à nous promener sur le bord du Tage, au bout de la ville. Une

D 6

né-

rêverie d'amour ou d'ambition y
avoit conduit auffi M. de Tordas
fans autre fuite qu'un laquais. Il
jugea peut-être à notre air curieux,
que nous étions François, & il
nous aborda fans doute auffi par
curiofité. L'amitié fut liée en moins
d'une heure. Nous retournâmes
enfemble à la ville: fon carroffe
l'attendoit à la porte; & comme
nous étions venus à pied, il nous
força par fes civilitez de monter
avec lui. C'étoit l'heure de la Co-
médie; nous y allâmes enfemble.
Le Prince Dom M . . . . étoit fur
le Theatre, environné d'une foule
de jeunes gens. Nous nous appro-
châmes de lui avec le Marquis de
Tordas, qui étoit de fa Cour. Il
nous fit l'honneur de s'informer
qui nous étions. Je l'entendis; &
m'étant avancé affez-tôt pour lui
répondre, je lui dis que le Marquis
étoit un Gentilhomme François de
la premiere diftinction, que j'avois
l'honneur d'accompagner; que ne
faifant que d'arriver à Lisbonne, le
tems ne nous avoit point encore
permis de lui aller rendre nos ref-
pects;

peéts: mais que c'étoit un devoir
auquel nous nous étions bien pro-
posé de ne pas manquer. Le Marquis approcha en même tems, &
le salua de la meilleure grace du
monde. Toute l'assemblée avoit
les yeux sur nous. Le Prince nous
répondit avec bonté, qu'il aimoit
les François, & qu'il nous verroit
avec plaisir. Nous demeurâmes
auprès de lui pendant le spectacle.
Il regarda presque continuellement
le Marquis, & lorsqu'il se fut levé
pour sortir, il dit au Marquis de
Tordas, qu'il vouloit nous voir
chez lui. Nous le suivimes. Tous
les jeunes Seigneurs qui étoient
avec lui, s'empressoient de nous
faire honneur; & nous eumes lieu
d'admirer la politesse des Portugais.
Lorsque nous fumes dans les appartemens du Prince, il fut le premier à nous appercevoir & à nous
faire signe d'approcher. Le Marquis lui fit en peu de mots un compliment très délicat, auquel il répondit avec beaucoup d'esprit & de
facilité d'expression. Ensuite prenant un ton plus familier, il nous

de-

demanda ce que nous penfions du Portugal : fi la France nous paroif-foit plus belle : fi les Dames y étoient auffi galantes qu'on le publioit ; & cent pareilles queftions , aufquelles nous fatisfimes d'une maniere qui lui plût. Il nous interrogea plus particulierement fur la perfonne de Monfeigneur le Duc d'Orleans, déclaré Régent du Roiaume, & fur toute fon illuftre Maifon. Il nous fit voir fon portrait & celui de Mada-me la Duchefse de Berri , dans fa chambre : elle y étoit belle, & le tableau n'étoit pas flatté. Dans le tems que Dom M..., nous faifoit l'honneur de nous entretenir ainfi familierement , un Officier de fa chambre vint lui dire qu'une Dame le fupplioit de lui accorder un mo-ment d'audience, & qu'elle deman-doit cette grace avec beaucoup d'inf-tance & de larmes, mais fans vou-loir déclarer fon nom. Je n'ai ja-mais refufé d'audience, répondit ce Prince , qui étoit d'un caractere très-humain ; faites l'entrer dans mon cabinet. Il nous quitta avec promeffe de nous rejoindre, & ne

se

se fit suivre que de Dom Telles de Sylva qu'il aimoit singulierement. Un demi-quart-d'heure après, le bruit se répandit dans la salle où nous étions, que le Prince qui étoit d'une humeur si enjouée en nous quittant, avoit passé tout d'un coup dans une affreuse tristesse ; qu'il s'étoit fait mettre au lit, & qu'il ne vouloit souffrir personne dans sa chambre ; qu'on l'entendoit pousser à tout moment des soupirs, & qu'on ne pouvoit s'imaginer d'autre raison de ce changement, que l'audience qu'il avoit accordée à une Dame inconnue. Cette nouvelle ne se disoit d'abord qu'à l'oreille ; mais lorsqu'elle fut publique, & qu'on ne pût plus en douter, nous prîmes tous le parti de nous retirer. Chacun raisonna diversement sur cette avanture, qui fut éclaircie pour nous quelques jours après, mais qui ne l'est peut-être point encore en Portugal.

En sortant de chez le Prince, nous fumes conduits par le Marquis de Tordas, & quelques autres Seigneurs du même âge, dans une

as-

assemblée de Dames qui se tenoit
chez la Comtesse de Selselas ; nous
y fumes reçus avec honneur. Il
faut le dire à la gloire de la France:
C'est un titre pour être vû de bon
œil, des personnes de considération
dans les Païs étrangers, que de
porter l'habit & le nom François.
Je me suis bien trouvé en mille oc-
casions de cet honorable préjugé:
soit par cette raison générale, soit
parce que le Marquis parut aimable
aux Dames Portugaises, il reçut
d'elles des marques d'attention si
galantes, que je remarquai avec
plaisir, qu'il y prenoit goût. Je le
vis rire ce soir pour la premiere fois
depuis son malheur ; & dès ce moment je commençai à croire que je
verrois bientôt la fin de sa tristesse,
& qu'elle étoit prête à ceder au tems
& à la nouveauté des objets. Monsieur de Tord asnous offrit à souper. J'engageai le Marquis à l'ac-
cepter, persuadé que cela serviroit
encore à hâter sa guérison. Nous
sommes tous faits de cette maniere:
notre cœur n'étant point capable
d'un sentiment infini, il est clair
                              qu'une

qu'une paſſion qui diminue tous les jours dans quelqu'une de ſes parties, tend à ſa fin , & qu'elle s'éteint bientôt tout à fait. Je connoiſſois d'ailleurs ſi parfaitement le caractere particulier du Marquis, que j'avois bien moins appréhendé la durée de ſa douleur, que ſa violence; mon inquiétude avoit ceſſé avec ſes premiers tranſports , & je m'étois aſſez repoſé ſur le fond de ſon humeur, & ſur ſa vivacité , du ſoin de calmer ſon cœur.

Je réſolus de recommencer le lendemain à lui tenir l'eſprit occupé , en reprenant l'étude , & nos exercices de Madrid. Sa bleſſure & ſes chagrins les avoient interrompus. Je lui fis cette propoſition, ſans y mêler rien qui pût rappeller le paſſé ; il la reçut bien : tout ce qu'il avoit appris de la Géographie & de l'Hiſtoire , fut repété exactement. Il continua à ſe remplir de nouvelles connoiſſances ; & le compte qu'il me rendoit tous les jours de ſon étude , me faiſoit admirer ſa facilité. Nos lectures communes l'attachoient beaucoup : il

me

me témoignoit quelquefois lui-même l'utilité qu'il en retiroit. L'étude que je fais seul , me disoit-il;
m'apprend mille choses que j'ignorois , & dont je suis ravi de m'instruire : mais cela n'appartient qu'à
l'esprit. Rarement mon cœur s'é-
chauffe en lisant des caracteres froids
& inanimez , qui me représentent
quelquefois à la vérité les plus beaux
traits du monde , mais des traits
sans vie & sans mouvement. Au
lieu, continuoit-il , qu'une lecture
que nous faisons ensemble , m'ex-
cite, & me remue presque autant
que la vûe d'une action ; le son de
la voix , ses inflexions differentes,
les reflexions que vous ajoûtez aux
pensées de l'Auteur, ou que vous
faites sur chaque trait d'une histoire;
les consequences que vous en tirez
contre le vice , ou pour la vertu,
enfin l'art avec lequel vous rappor-
tez tout au plan général de mœurs
& de conduite , que vous m'avez
formé : tous ces avantages joints
ensemble me font trouver une satisfaction infinie à lire en commun,
& j'espere que le fruit ira de pair
avec

avec le plaisir. Je ne lui marquois pas toute la joie que j'avois de l'entendre ainsi raisonner : mais étant si assuré de son goût pour le bon & pour le vrai, je ne perdois pas une occasion de lui inspirer quelque nouveau principe de Morale ; & j'avois soin qu'elle fût moins abstraite, que solide; & moins profonde, que d'une application facile & naturelle. L'avanture de Madrid ne lui avoit pas été inutile, non seulement elle avoit servi à fortifier desormais son cœur contre les surprises de l'amour ; mais elle sembloit lui avoir donné en peu de tems une expérience qui ne s'acquiert ordinairement qu'avec le secours des années. Toutes ses actions me paroissoient plus reflechies, & son air même plus serieux & plus mesuré. Je lui disois quelquefois : Votre malheur vous a rendu plus vieux de vingt ans. S'il m'a rendu plus sage, me répondoit-il, c'est un bien que j'en ai tiré ; mais convenez qu'il m'a coûté bien cher. Mon premier dessein, en écrivant cette Histoire, étoit de rapporter dans l'occasion

la plûpart des difcours que je lui
tenois, foit fur les mœurs, foit fur
les fciences ; j'efperois rendre ainfi
mon ouvrage utile à la jeuneffe qui
auroit pu trouver des regles & des
exemples de conduite dans un livre
affez amufant pour fe faire lire avec
quelque plaifir. Mais plufieurs
amis que j'ai confultez, m'ont dé-
tourné de cette methode. Le Public, m'ont-ils dit, n'aime pas l'air
fec & pédant, qui accompagne les
préceptes. Voiez le fort des voiages de C.... Je me contenterai
donc, comme j'ai fait jufqu'à prefent ; de mêler à mon récit quelques
fentimens, ou quelques reflexions,
telles que les conjonctures peuvent
les faire naître ; & je tâcherai d'éviter tout ce qui pourroit infpirer le
dégoût. Ce n'eft point un Traité
de Morale que j'écris ; c'eft une
Hiftoire. Reprenons-en le fil : j'y
aurai dans la fuite autant de part que
le Marquis.

La trifteffe du Prince Dom
M.... ne diminua point les jours
fuivans : elle fut le fujet de tous les
entretiens de Lisbonne ! on fe de-
man-

mandoit d'où pouvoient venir les chagrins d'un Prince si aimable & si heureux. Nous nous préfentames à fon appartement avec le Marquis de Tordas, & la plûpart des jeunes Seigneurs qui compofoient ordinairement fa Cour. L'ordre étoit donné de ne laiffer entrer perfonne, à l'exception de Dom Telles de Silva, fecond fils de M. le Comte de Tarouca, & favori du Prince. Le Marquis de Tordas nous dit & à quelques-uns de fes amis, avec qui nous étions, qu'il vouloit nous donner à fouper à fa maifon de campagne, qui étoit à deux petites lieues de Lisbonne, & à cinq cens pas de la mer. Chacun lui promit de s'y rendre. Pour nous qui en ignorions le chemin, & qui n'avions pas d'équipage, il nous vint prendre l'après midi dans le fien. Nous arrivames de bonne heure à Lereda, qui étoit le nom de fa maifon. Nous nous promenames le refte du jour dans les jardins & dans le bois ; & le foir fur les dix heures, on vint nous avertir que le fouper nous attendoit. Notre deffein étoit de

re-

retourner enſuite à Lisbonne, mais
ſi la Providence n'eût veillé ſur
nous, nous courions riſque d'en
être éloignez pour longtems, ou
de nous trouver peut-être expoſez à
quelque choſe de bien plus facheux.
On en jugera par le malheur qui
faillit à nous arriver. La nuit étoit
ſi claire, qu'on eût pu ſe paſſer de
la lumiere des flambeaux : nous
étions à table depuis une heure ou
deux, lorſque nous entendimes fermer la grande porte de la cour avec
beaucoup de violence, & le bruit
de ſept ou huit hommes qui ſe
crioient l'un à l'autre en fermant la
porte : Pouſſe, aide moi, vîte, dé-
pêche. Nos iaquais les virent au
travers de la fenêtre ; & craignant
avec raiſon quelque mauvaiſe avanture dans un lieu ſi proche de la
mer, ils ſe preſſerent de fermer
auſſi les portes qui communiquoient
du corps de logis à la cour ; cette
précaution étoit d'autant plus ſage,
que les huit inconnus paroiſſoient
bien armez. Nous nous levames
nous mêmes de table pour les con-
ſiderer, & nous délibérames un
mo-

moment fur le parti que nous avions à prendre. Toutes les fenêtres des appartemens bas étoient grillées; ce qui nous empêchoit de craindre d'être fi facilement infultez; nous étions fept, & nous avions avec nous pour le moins douze ou quinze laquais, mais nous étions fans armes; & le moien de refifter contre des piftolets & des fufils! Pour augmenter notre peine & notre fraieur, Briffant vint me dire que nous étions dans un péril extrême; que c'étoit affurément des corfaires; qu'il les reconnoiffoit bien à leurs armes, & qu'il étoit même fort trompé, s'il n'avoit appercu Andredi. J'avoue que le nom de ce fcélerat me fit frémir. Quoi? lui dis-je, cet Andredi dont vous nous avez rapporté mille chofes affreufes? lui-même, me repondit Briffant. La crainte que je conçus tout d'un coup pour le cher Marquis, me fit propofer à nos Meffieurs de nous retirer par le jardin. Il fut le premier à me répondre, qu'il y auroit de la honte a fuir, & qu'il falloit défendre la maifon de Monfieur

fieur de Tordas. Comme il ache-
voit de parler, les corfaires qui
avoient eu le tems de barricader la
porte, s'approcherent du corps de
logis, & demanderent brufquement,
qu'on leur ouvrît l'entrée. J'ouvris
la fenêtre, & paroiffant feul, je
leur dis fierement, qu'ils fe gardaf-
fent de faire la moindre infulte à la
maifon, & que nous étions affez
de perfonnes pour nous bien défendre. Andredi, car c'étoit lui-
même, me répondit d'un ton fort
humble, que loin de vouloir nous
infulter, il nous demandoit un afile,
ou du moins la liberté du paffage
pour s'enfuir. Son embarras & la
précipitation avec laquelle j'avois vû
fes gens fermer la porte, me firent
croire qu'ils étoient pourfuivis. Cette penfée me raffura. Sauvez-vous,
lui dis-je, par où vous pourrez,
mais comptez que la maifon ne
vous fera point ouverte, & que
nous en défendrons bien l'entrée. A
peine eus-je prononcé ces deux
mots, que nous entendimes à la
porte de la cour un grand bruit de
chevaux, & dans un inftant ellefut
en-

enfoncée à coups de haches. Trente cavaliers entrerent, le piſtolet au poing : les corſaires ſe voiant ſans eſpérance de fuir, & trop inégaux en nombre pour réſiſter, jetterent leurs armes à terre en demandant la vie : ils furent ſaiſis, & chargez de chaînes. Nous ouvrîmes alors la porte de la maiſon. L'Officier qui commandoit les cavaliers, nous fit des excuſes fort honnêtes ſur l'obligation où il avoit été de cauſer quelque deſordre dans la cour, & il nous apprit en peu de mots, qu'il étoit depuis deux jours ſur la côte à la tête de cent chevaux, pour obſerver un bâtiment, qui avoit déja fait quelques deſcentes, & enlevé un butin conſidérable ; que l'aiant vû s'approcher de terre au clair de la lune, il s'étoit caché avec ſes cavaliers pour attendre le débarquement des corſaires ; qu'ils étoient ſortis du vaiſſeau au nombre de trente ou quarante, & qu'ils avoient pris le chemin de la maiſon où nous étions, dans l'eſpérance apparemment de la piller ; mais qu'auſſitôt qu'ils avoient été à quelque diſtance de la mer, il s'étoit hâté de les prendre par derriere, pour leur couper le retour ; que ſe voiant ſurpris par un ſi grand nombre, & dans l'impuiſſance de regagner leur vaiſſeau, ils avoient pris le parti de ſe ſéparer, pour fuir & s'échaper plus facilement ; que de ſon côté, il avoit diviſé ſa troupe pour les pourſuivre ; & qu'il ne doutoit pas que ſes cavaliers n'euſſent arrêté les autres, comme il avoit fait ceux qui étoient venus nous troubler. Il ajoûta que ſon entrepriſe n'étoit encore executée qu'à demi ; qu'il alloit tâcher de ſe ſaiſir du vaiſſeau, & qu'il avoit deſſein pour cela d'emploier l'artifice. Il pria le Marquis de Tordas de permettre que les priſonniers fuſſent gardez dans ſa cour ; il en prit ſeulement deux avec lui ; & s'étant mis à pied, lui & vingt-cinq cavaliers de ſa troupe, il retourna vers la mer pour executer ce qu'il avoit médité.

Nous mourions d'envie le Marquis & moi, de voir Andredi de près, & de l'entendre parler. Nous le fimes entrer dans la falle ; & nous étant remis tranquilement à table, je le fis affeoir fur une chaife, lié comme il étoit. Hé bien, brave Andredi, lui dis je: voilà donc toutes vos courfes & tous vos exploits terminez. Vous ne vous attendiez pas de vous trouver ce foir en fi bonne compagnie. Il parut furpris de s'entendre appeller par fon nom. Il baiffa les yeux fans repondre. Où êtes-vous, Briffant! m'ecriai-je: Venez renouveller connoiffance avec votre patron le Seigneur Andredi. Briffant qui n'avoit point encore ofé lui parler, s'approcha de moi, & fe plaça vis-à vis de lui. Andredi le reconnut. Ah! traître, lui dit il avec des yeux étincelans, c'eft toi fans doute, qui es caufe aujourd'hui de ma perte. Ne l'accufez pas, repris-je ; il ignoroit comme nous, que vous fuffiez fi proche de Lisbonne: mais quand il auroit contribué à vous faire arrêter, il n'auroit fait que réparer les crimes que vous l'avez forcé de commettre malgré lui. Le fier corfaire fut picqué de ce reproche:

il

il s'emporta en injures contre Briffant, & l'accufa d'avoir eu plus de
part que lui aux defordres qu'ils
avoient commis enfemble. Quoi
qu'il en foit, lui dis-je, il y a renoncé volontairement, & vous êtes
un miferable qui les avez bien mul-
tipliez depuis qu'il vous a quitté.
Cependant, ajoûtai-je, fi vous voulez nous en faire un récit fidele,
je vous promets que ces Meffieurs
voudront bien s'emploier pour faire
diminuer la rigueur des peines que
vous méritez. Le Marquis de Tordas & tous fes amis l'affurerent qu'ils
tiendroient ma promeffe ; mais ce
fut inutilement : nous ne tirâmes
plus de lui un feul mot. Le voiant
obftiné à fe taire, j'ordonnai a
Briffant de raconter tout ce qui lui
étoit arrivé avec lui. Sa relation
fut longue : il y ajoûta même des
circonftances qu'il avoit omifes à
Madrid. Pendant que nous nous
entretenions fur fon récit, nous
entendîmes dans la cour un nouveau bruit de chevaux qui arrivoient :
c'étoit le refte des cavaliers Portugais qui amenoient vingt-deux autres

tres corſaires, ſuivant l'ordre de leur Officier qu'ils avoient rencontré. Il revint bientôt lui-même avec une nouvelle proie, qui lui coutoit moins de peine à conduire. Il nous fit demander la permiſſion d'entrer dans la ſalle; & nous fumes fort étonnez d'y voir entrer avec lui douze femmes aſſez mal en ordre, mais dont pluſieurs ne paroiſſoient pas des femmes du commun. Il y en avoit une entre les autres, dont la taille & la beauté attirerent tout d'un coup nos regards: elle étoit pâle & abbatue; mais on voioit aiſément que c'étoit l'effet de ſa triſteſſe. L'Officier nous raconta que s'étant approché du vaiſſeau, il n'avoit point eu de peine à s'en rendre le maître; parce que le petit nombre de corſaires qui étoient reſtez, avoient pris ſa troupe pour celle de leurs compagnons. Il avoit commencé par le viſiter exactement, & il y avoit trouvé quantité de ſacs & tonneaux remplis d'or & d'argent. Il en avoit fait un compte exact; les plus fideles de ſes cavaliers étoient demeurez pour garder

ce

ce riche butin jufqu'au jour. Pour les douze femmes, il les avoit pris d'abord pour d'infames créatures, qui s'entendoient avec les corfaires, & qui vivoient dans le defordre avec eux : mais elles l'avoient détrompé elles mêmes en le priant de mettre fin à leur infortune. Ces malheureux les avoient enlevées fur diverses côtes, & les faifoient fervir de jouet à leur brutalité. Celle dont la beauté nous avoit touchez fe mit à pleurer amérement, lorfque l'Officier nous parla d'elle; nous fumes encore plus émus de fes larmes. Le Marquis de Tordas s'empreffa de la faire affeoir avec fes compagnes, & leur offrit toute forte de fecours & rafraîchiffemens. Il étoit trop tard pour conduire les prifonniers à la ville: ils furent gardez dans la cour jufqu'au lendemain. Nous engageâmes l'Officier à prendre un couvert avec nous, & nous ne quittames point la table pendant le refte de la nuit. La belle affligée ne toucha prefqu'à rien: mais lorfque nous eumes lié converfation, nous la fimes confen-

tir

tir à nous raconter fon malheur.
Voici ce qu'elle nous dit, en verfant plus de larmes, qu'elle ne prononça de paroles.

Permettez - moi de vous cacher
mon nom : je dois cette confidération à ma trifte familie. Je fuis
Françoife, & née à Ant. . . . d'un
pere très noble & très riche. Mon
bien, ma naiffance & mon éducation fembloient me promettre la
plus heureufe de toutes les defti-
nées. L'amour alloit rendre ma
felicité parfaite par un mariage con-
forme à mon inclination ; enfin je
touchois au comble de mes vœux,
lorfque ces monftres abominables,
continua-t-elle en nous montrant
de la main les corfaires qui étoient
dans la cour, m'ont précipitée dans
l'infame état où vous me voiez.
Mon amant, qui devoit être mon
époux deux jours après, m'enga-
gea un foir à fortir de la ville pour
faire un tour de promenade : c'eft
une liberté établie chez nous, &
dont notre fexe ufe avec fageffe.
Nous nous éloignâmes infenfible-
ment, l'efprit & le cœur occupez

de

de notre tendreſſe ; l'obſcurité nous fit appercevoir qu'il étoit tems de retourner ſur nos pas. Comme nous approchions de la ville, en ſuivant toujours le grand chemin, quatre hommes armez, qui étoient couchez le ventre à terre, ſe leverent tout d'un coup à deux pas devant nous, & nous arrêterent en nous préſentant le bout du piſtolet. Mon jeune amant qui étoit plein de courage & d'amour, ne fit point attention qu'il lui ſeroit pernicieux de me défendre : il oſa l'entreprendre ; un coup de piſtolet lui caſſa la tête à mes yeux. Trop heureuſe, ſi j'avois péri du même coup ! Helas ! je crus mourir avec lui ; mais ce n'étoit qu'un évanouiſſement que je pris en vain pour la mort. Je fus portée ou traînée juſqu'au vaiſſeau. Quels furent mes cris, lorſqu'étant revenue à moi une heure après, je me trouvai entre les bras de l'execrable Andredi ! Cet infame n'avoit pas même attendu que j'euſſe repris la connoiſſance pour ſatisfaire ſa brutalité. Epargnez moi un ſouvenir, qui me comble

de

de honte & de defefpoir. Il eut encore la barbarie de m'infulter, en
m'affurant d'un air railleur, qu'il
étoit mon époux. Ah! monftre,
lui dis je, tu ne porteras pas ce nom
longtems; & je m'efforçai de l'étran-
gler, ou de lui arracher les yeux.
Mais de quoi étois-je capable dans
la foibleffe ou je me trouvois, &
retenue par des mains accoûtumées
au crime & à la violence? Il fallut
ceder à ma cruelle fortune, & me
réfoudre à fervir aux plaifirs d'Andredi. Il y a trois mois que je fuis
réduite à cette infamie. J'ai été témoin depuis ce tems-là, de tous les
defordres que mes raviffeurs ont
commis dans tous les endroits où
leur fureur les a portez : il ne s'eft
pas paffé de jour où je n'aie vû
couler du fang & des larmes. Andredi me traite pourtant avec ref-
pect : je fuis regardée comme la
Reine des fcélerats, dont il eft le
Chef. Plus heureufe que mes compagnes, je n'ai à répondre qu'à la
paffion d'un feul. Toutes les richeffes du vaiffeau ont été remifes
à mes foins, & j'avois la liberté

E 5 d'en

d'en difpofer abfolument. Mais
foible confolation dans un malheur
tel que le mien ! La mort auroit eu
bien plus de douceur pour moi, fi
le Ciel permettoit de fe la procurer
volontairement. Je l'ai invoquée
mille fois ; & aujourd'hui que la
liberté va m'être rendue, je ne veux
plus faire ufage de la vie, que pour
pleurer ma honte & me cacher éter-
nellement aux yeux des hommes.

Cette hiftoire nous attendrit beaucoup. Nous confolâmes cette belle
perfonne par nos civilitez. Le
Marquis de Tordas, & les autres
Seigneurs Portugais lui promirent
d'emploier leur credit pour lui procurer une place dans quelque Com-
munauté Religieufe, où elle pourroit mener une vie douce, & oublier fon infortune. Ses compagnes
nous rapporterent auffi l'une après
l'autre, de quelle maniere elles
étoient tombées au pouvoir des corfaires. Leur enlévement avoit toujours été accompagné de quelque
meurtre, ou de quelque incendie;
de forte que ces fcélérats pouvoient
être regardez avec raifon comme
des

des monſtres d'horreur & de barbarie. Leur punition ne fut pas differée long-tems: ils furent conduits le matin à Lisbonne, & deux jours après ils furent tous executez par divers ſupplices. Le Roi de Portugal offrit aux douze femmes d'emploier une partie du butin à conſtruire une eſpece de couvent pour leur ſervir de retraite. Elles tinrent conſeil en commun ſur cette propoſition, & elles réſolurent de quitter le Portugal, & de ſe retirer chacune de ſon côté dans des païs, où leur honte ne fut pas connue. Le Roi y conſentit, & leur fit donner libéralement de quoi ſe conduire.

Le bruit de cette avanture, & le péril que nous avions couru, ſervit à nous faire connoître de toute la ville en moins de huit jours. Le Prince Dom M . . . . malgré ſa triſteſſe voulut être informé de l'événement par nous-mêmes. Il nous fit avertir de nous rendre chez lui avec le Marquis de Tordas. Nous le trouvâmes en robe de chambre avec le ſeul Dom Tellès de Sylva.

La

La douleur étoit répandue sur son
visage & dans ses yeux. Lorsque le
récit de notre avanture fut achevé, le Marquis de Tordas prit la
liberté de lui témoigner combien il
étoit touché de le voir si triste & si
solitaire. Ah! mon cher Tordas,
lui dit le Prince, quelles que puissent être ma solitude & ma douleur, elles n'égaleront jamais ma
perte. En fuiant la vûe des hommes,
que ne puis je aussi me fuir moi-
même? Que ne puis-je du moins
détourner de mes yeux des images
funestes, dont la présence ne me
permettra jamais d'être heureux!
Est-il possible, mon Prince, repar-
tit le Marquis de Tordas, qu'à
l'âge où vous étes, & dans un des
premiers rangs du monde, avec
tant de vertus & de rares qualitez,
vous puissiez connoître la mauvaise
fortune autrement que par son
nom? Qui s'imaginera jamais que
le Prince de Portugal est malheureux, & qu'il craint de l'être toujours? C'est une partie de mon
malheur, repliqua le Prince, que
d'être né ce que je suis: si j'étois
moins

moins connu, je pourrois m'affliger avec liberté, de vaines loix de
bienséance & d'honneur ne m'obli-
geroient pas à cacher jusqu'au sujet
de mes peines. J'aurois du moins
la douceur de verser librement des
larmes. Il en répandit quelques
unes en prononçant ces derniers
mots, mais il les essuya promptement; & se tournant vers le Marquis de Rosemont, il lui demanda
ce qu'il pensoit de sa foiblesse, &
ce qu'il en diroit, lorsqu'il seroit
retourné en France? Le Marquis
lui fit une réponse flateuse & polie.
Il se retira peu après dans son cabinet, & Dom Tellès de Sylva fut le
seul qui osa le suivre.

La tristesse du Prince fit beaucoup
d'impression sur le Marquis: je
m'en apperçus le soir par le renou-
vellement de la sienne: il parla peu
en soupant. Ses soûpirs & son silen-
ce ne me firent que trop connoître
que son cœur étoit vivement agité.
Je fis semblant néanmoins de le
croire tranquile; & j'affectai de ne
l'entretenir que de choses indifferen-
tes. J'étois persuadé, comme je

 l'ai

l'ai déja dit, qu'on ne guérit point
des maux tels que les tiens en les
combattant. Je l'excitai seulement
à prendre un peu plus que de coûtume d'un vin délicieux, dont le
Marquis de Tordas nous avoit envoié quelques bouteilles. Il y consentit par complaisance; ce qui ne
l'empêcha point de se retirer dans sa
chambre plutôt qu'à l'ordinaire. Je
me retirai immédiatement après dans
la mienne. Il n'y fit point d'attention, & croiant n'être entendu de
personne, il se livra bientôt aux gé-
missemens les plus vifs & les plus
tendres. Je prêtai l'oreille pour entendre plus distinctement ses plaintes. Il les adressoit à sa chere Diana,
comme s'il eût été avec elle. J'é-
tois surpris de le voir encore si
touché, après avoir cru sa guérison
si avancée. La curiosité me porta à
m'approcher de sa porte: je l'ouvris
doucement pour observer sa posture
& ses mouvemens. Il étoit étendu
sur un fauteuil, auprès d'une table,
sur laquelle étoient deux flambeaux.
Une petite caisse qu'il avoit apportée
de Madrid, & dont je ne lui avois
ja-

jamais demandé quel étoit l'usage,
étoit ouverte auprès de lui, il en
tiroit successivement plusieurs petits
meubles, qu'il tenoit appuiez un
quart d'heure sur sa bouche, & qu'il
rangeoit ensuite sur sa table ; c'étoit
un bonnet de velours noir, brodé
d'or, des bas, des ornemens de
tête & de gorge, des gands, des
brasselets, & d'autres bagatelles de
même nature. Mais ce qui me surprit davantage, fut de lui voir tirer
du fond de la caisse un portrait assez
grand, que j'ignorois qu'il eût, &
que je jugeai devoir être celui de
Donna Diana. Il le tint longtems
dans ses mains, en le regardant
avec une attention qui arrêta quelque tems ses soûpirs ; mais ce fut
pour en pousser bientôt de plus pro-
fonds & de plus violens. Je ne pouvois m'imaginer de quels moiens il
s'étoit servi pour obtenir ces tristes
restes de son amante, & j'en accufai d'abord M. le Comte de Mancenez. Cependant, comme cela ne
s'étoit pu faire sans que ses gens en
fussent quelque chose, je retournai
à ma chambre, ou je les fis appeller
l'un

l'un après l'autre. Le Brun &
Deschamps me protesterent avec
serment, qu'ils n'étoient instruits
de rien. Brissant qui savoit tout,
voulut dissimuler ; mais comme je
le soupçonnois, je lui parlai avec
tant de fermeté, qu'il me confessa
enfin qu'il avoit reçu ordre de son
maître, pendant le petit voiage que
nous avions fait à l'Escurial, d'obtenir à quelque prix que ce fût, les
derniers habits que Donna Diana
avoit portez ; qu'il avoit acheté de
sa femme de chambre jusqu'à sa robe, ses juppes & son linge ; que
depuis ce tems-là, le Marquis ne
portoit point d'autres chemises, que
celles qui avoient appartenu à sa
maîtresse, les aiant fait accommo-
der à son usage ; que les juppes
avoient été changées en vestes, dont
il se servoit tous les jours ; & la
robe, en robe de chambre : enfin,
qu'il étoit sans cesse couvert de ce
qui avoit revêtu l'infortunée Diana.
Pour le portrait, il me dit que son
maître l'avoit eu de Donna Elisa,
qui ne s'en étoit défaite qu'avec peine, pour l'obliger. Les bras me
tom-

tomberent d'admiration à ce récit.
Mais pourquoi, dis-je à Briffant,
vous être chargé d'une telle commiffion, fans m'en avertir? Ne
deviez-vous pas juger que c'étoit le
plus mauvais fervice que vous puf-
fiez rendre à votre maître? Il me
répondit qu'il n'avoit pu fe refufer
à fes inftances, ni defobéir à fes
ordres; que lorfqu'il lui avoit re-
préfenté que je defapprouverois,
peut-être cette démarche, il l'avoit
affuré que je n'en faurois jamais
rien; ou que fi je venois à l'apprendre, je ne pourrois la condamner,
puifque j'avois fait bien davantage
après avoir perdu mon époufe. De
quelque façon que vous puiffiez
vous juftifier, repris-je, c'eft une
faute que vous avec commife, &
que je ne vous pardonnerai qu'à
ndition que vous la répariez
promptement. Il faut employer toute votre adreffe pour ôter au Marquis cet inutile équipage, fans qu'il
puiffe en accufer perfonne. Si vous
réuffiffez avant huit jours, ajoûtai-
je pour l'exciter, je vous promets
dix louis d'or. Briffant accepta le
mar-

marché , & me promit tous ſes
ſoins ; mais on verra que cette entrepriſe lui fut bien funeſte. Je fis
auſſitôt du bruit auprès de la chambre du Marquis pour lui faire quitter ſa triſte occupation ; & étant
entré un moment après , je trouvai
qu'il avoit ſerré les meubles ; &
fermé ſa caiſſe ; & je demeurai avec
lui juſqu'à ce que je le vis accablé
de ſommeil.

Le lendemain qui étoit le premier
jour de Novembre, à peine étions-
nous levez, qu'un Gentilhomme
du Prince Dom M . . . . vint nous
dire de ſa part, qu'il ſouhaitoit de
parler au Marquis & à moi. Nous
nous hâtames d'aller chez lui. On
nous fit entrer auſſitôt dans ſa chambre comme des perſonnes attendues.
Il étoit encore au lit. Il nous fit
donner des chaiſes ; & lorſque nous
fumes aſſis auprès de lui , & qu'il
eût fait ſortir tout ſon monde , il
nous parla ainſi: Vous ne vous at-
tendez pas, Meſſieurs, à la propoſition que je vais vous faire ; mais
quelque étrange qu'elle puiſſe vous
paroître, je m'aſſure que vous me

ferez

ferez la faveur d'y confentir. Il
s'arrêta un moment ; & le Marquis
en profita , pour lui répondre que
nous étions aufli incapables de manquer à lui obéir , que lui de rien
exiger de nous qui ne fût jufte, &
que nous ne fuffions obligez d'executer. Ce n'eft pas de l'obéiffance,
reprit-il avec un foûpir , c'eft de
l'amitié & de la compaffion que je
vous demande. Vous me voiez
pénétré de la plus vive douleur, &
dans un état où je ne regarde plus
la vie comme un faveur du Ciel,
tant elle m'eft devenue funefte &
infupportable. Je fais des efforts
inutiles pour retrouver la tranquili-
té que j'ai perdue. La caufe de mes
maux m'eft fans ceffe préfente , &
ce n'eft point en Portugal que je
puis efpérer de l'oublier ; mon deffein eft de m'en éloigner pour quelque tems. Le Comte de Tarouca
eft Ambaffadeur du Roi en Hollande : je l'aime ; & compte fur le
zele & fur l'attachement qu'il a
pour moi. Je veux commencer par
là mes voiages. Dom Tellès de
Sylva fon fils confent de m'accompagner :

pagner : c'eſt le ſeul Portugais que j'aie chargé de prendre les meſures néceſſaires pour mon départ : ma derniere réſolution fut priſe hier après vous avoir vûs. Je me ſuis flaté, continua le Prince, que vous ne me refuſerez pas d'être auſſi du voiage, & de monter ſur le même vaiſſeau avec moi. Vous m'avez dit, qu'en quittant Lisbonne, vous deviez aller en Angleterre & en Hollande ; ce ne ſera pas changer beaucoup votre deſſein, que de commencer par la Hollande, d'où vous paſſerez enſuite facilement en Angleterre. Que dites vous de ce projet, ajoûta-t-il en nous regardant ? m'accorderez-vous ce que je vous demande ? Je vous eſtime tous deux : vous en pouvez juger par la confiance que je vous marque.

Le Marquis cherchoit dans mes yeux ce qu'il devoit répondre. Je lui fis un ſigne qu'il entendit. Il témoigna au Prince combien nous nous ſentions honorez de ſon eſtime, & avec quelle joie nous étions prêts de le ſuivre en que lque endroit qu'il voulût nous permettre de l'accompagner.

gner. Nous lui engageâmes notre parole de nous préparer à partir au
premier ordre. Il nous donna quelques avis sur la maniere dont nous
devions nous conduire, pour tromper la curiosité de ceux qui pourroient nous obferver ; & il nous
ordonna de voir en particulier Dom
Tellès de Sylva , & de lui faire
part de la réfolution que nous venions de prendre. En fortant du
palais, nous le rencontrâmes ; &
lui-même nous voiant fortir de chez
le Prince , fut le premier à nous
faluer avec beaucoup d'honnêteté.
Nous lui apprimes en deux mots
ce que nous avions conclu. Il en
eut de la joie, & il nous pria de
rentrer au palais avec lui. Le
Prince furpris de nous revoir fi tôt ,
lui demanda avec empreffement, s'il
apportoit d'heureufes nouvelles. Les
plus heureufes du monde, répondit
Dom Tellès; nous ferons en mer
dans quatre jours, fi vous le défi-
rez. Enfuite il lui raconta que
s'étant informé exactement s'il y
avoit quelque vaiffeau prêt à faire
voile en Hollande , il ne s'en étoit
point

point trouvé; mais qu'un bâtiment
Anglois, qui revenoit de Constantinople, & qui se reposoit depuis
quinze jours à Lisbonne, devoit
partir au premier jour pour l'Angleterre; qu'il avoit parlé au Capitaine;
& qu'en lui promettant une somme
considérable, il l'avoit engagé à se
charger de nous pour nous transporter jusqu'à la Brille. Le Prince
embrassa Dom Tellès avec de grandes marques de satisfaction. Ne
différons pas, lui dit-il, partons au
premier vent. Il nous pressa d'aller faire nos préparatifs, sans perdre
un moment; & il chargea Dom
Tellès de mettre ordre à tout le
reste.

Quoiqu'un départ si précipité ne
nous laissât pas le tems de connoître assez la Cour de Portugal, je ne
pouvois me repentir de l'engagement
que nous avions pris avec Dom
M . . . . Outre l'honneur d'accompagner ce Prince aimable, qui
a fait admirer depuis son mérite à la
Cour de France, je regardois comme un avantage pour le Marquis de
s'éloigner tout à-fait de l'Espagne.
Qu'au-

Qu'auroit-ce été, fi j'eufſe prévû le bonheur qui m'attendoit en Hollande, & que j'aurois manqué ſans doute, ſi j'euſſe fait un plus long ſéjour en Portugal ? Mon Lecteur me verra bientôt dans un de ces heureux momens qui ont été ſi rares dans le cours de ma vie : il eſt vrai que je l'ai paié enſuite bien cher ; car la fortune n'a jamais gardé de meſures dans le bien & le mal qu'elle m'a fait. Mais enfin le dernier malheur qui m'eſt arrivé, étoit un malheur néceſſaire, que je n'aurois pu éviter en quelque lieu du monde où je me fuſſe trouvé ; au lieu que le plaiſir qui l'a précédé, dépendoit de notre prompte arrivée en Hollande, & de ce vaiſſeau Anglois, que la Providence ſembloit avoir deſtiné pour nous porter. La ſuite de mon Ouvrage éclaircira cette réfléxion.

Le ſoir du troiſiéme de Novembre, nous fumes avertis par Dom Tellès que nous nous mettrions en mer le lendemain. Pour cacher mieux notre départ, le Prince fit courir le bruit, qu'il iroit de grand

matin

matin à la chasse, & qu'il ne vouloit être accompagné que de Dom
Tellès, & de deux domestiques. Il
sortit en effet de la ville en équipage de chasseur ; & aiant pris le
chemin de Belem, il y trouva une
chaloupe qui l'attendoit, & sur
laquelle il se rendit à bord du vaisseau Anglois. Nous y étions dès
la pointe du jour. Le vent se trouva favorable, & l'on tendit aussitôt
les voiles pour nous éloigner promptement. J'ai promis de raconter le
malheur de Brissant. Il n'avoit point
oublié la promesse qu'il m'avoit
faite, d'enlever adroitement au
Marquis la caisse où étoient les
bijoux de Donna Diana, & ses
habits mêmes, s'il étoit possible.
Notre embarquement lui parut une
occasion commode : il s'entendit
avec le Brun & Deschamps pour
vendre & la caisse & les habits à
profit commun ; s'assurant que je
ne manquerois pas de prendre parti
pour eux, ils concerterent de répondre à leur maître, lorsqu'il
s'appercevroit du vol, qu'ils avoient
enfermé les habits & la caisse dans
une

une même malle, qui avoit été malheureusement oubliée à Lisbonne. Je ne sai comment il arriva que le Marquis eut besoin de sa robe de chambre dès l'après-midi du jour de notre départ. Il la demanda à Brisfant, qui se trouva proche de lui. Brisfant fit semblant de chercher la malle où elle devoit être ; & après bien des soins inutiles, il vint faire à son maître la réponse qu'il avoit préparée. Le Marquis savoit que j'avois chargé Brisfant de faire transporter notre équipage au vaisseau, & que la perte de la malle venoit par conséquent de sa faute ; il entra dans une colere extrême, lorsqu'il eut appris que tout lui étoit enlevé jusqu'à la caisse ; & sa vivacité l'emportant sur sa douceur ordinaire ; il se saisit d'un instrument garni d'un fer pointu, qui étoit dans sa chambre, pour en maltraiter Brisfant : il le poursuivit jusques sur le tillac, où ce pauvre garçon se hâta de monter. J'y étois assis sur une chaise, un livre à la main. Je me levai promptement pour arrêter le Marquis ; mais voiant que je

J'allois retenir, il lâcha fur Briſſant
l'eſpece de pieu qu'il tenoit à la
main. Le coup fut ſi violent que
non ſeulement le pieu perça l'épaule,
& demeura attaché à la partie bleſ-
ſée ; mais comme ce malheureux
étoit alors ſur le bord du vaiſſeau,
ſa fraieur jointe à l'ébranlement qu'il
reçut, le précipiterent dans la mer.
Ce fut-là que j'eus lieu de reconnoître le cœur excellent du Marquis. A peine eut il vû la chûte de
Briſſant, que toute ſa colere ſe
changea en pitié, & je puis dire
même en tendreſſe & en douleur.
Ah! qu'ai je fait, me dit-il? le pauvre Briſſant va périr. Je ne ſai, ſi
ſe fiant ſur ſon adreſſe à nager, il
ne ſe ſeroit pas jetté après lui pour
le ſecourir. Je le priai de ne pas s'approcher tant du bord du vaiſſeau,
& j'offris dix piſtoles aux matelots
qui voudroient ſauver Briſſant : cela
fut executé en un inſtant. Il en fut
quitte pour garder le lit pendant trois
ſemaines. Je lui donnai après ſa
guériſon les dix louis d'or que je
lui avois promis, & qu'il avoit aſſez
bien gagnez.

Le

Le Prince Dom M . . . . s'étant
trouvé plus tranquile dès qu'il fut
monté sur le vaisseau, s'étoit fait
mettre aussitôt au lit; soit que ce
fût la joie de commencer si heureusement ses voiages, & de s'éloigner
de Lisbonne; soit que ce fut l'épui-
sement que lui avoit causé sa douleur, & plusieurs nuits qu'il avoit
passées sans dormir, il demeura
jusqu'au soir enseveli dans un profond sommeil. Dom Tellès de
Sylva étoit occupé à écrire je ne
sai quoi dans sa chambre. Pour
moi j'étois, comme j'ai dit, à lire
sur le tillac avant l'avanture de Brissant, & je retournai au même lieu,
lorsque je lui eus fait donner les
secours dont il avoit besoin. J'em-
menai le Marquis avec moi, & je
lui fis une petite morale, telle que
la demandoient les circonstnces.
Il étoit environ quatre heures après
midi. Le tems étoit serein, & l'air
fort doux. Nous fumes frappez
tout d'un coup d'un spectacle auquel nous ne nous attendions pas,
nous vîmes sortir d'une petite chambre à l'autre bout du vaisseau, un

F 2

Turc

Turc chargé d'un tapis, & de quelques couffins qu'il étendit dans un
lieu fort commode. Un autre Turc
beaucoup mieux mis que le premier,
fortit du même endroit un moment
après ; & fe retournant vers l'écou-
tille, par laquelle il avoit paffé, il
préfenta la main à deux jeunes
Turcs, vêtus richement, pour les
foûtenir en montant fur les ponts.
Deux femmes Turques parurent
enfuite ; & s'étant avancez tous enfemble vers le tapis, les deux jeunes
gens s'affirent fur les couffins les
plus propres, & les plus relevez,
tandis que les quatre autres prirent
place au deffous d'eux. Nous demeurâmes quelque tems en filence
à les confidérer. Cet habit que
j'avois porté fi longtems, & que
j'avois tant de raifons d'aimer, me
remit en mémoire une partie de mes
avantures paffées, & je tombai in-
fenfiblement dans une profonde ré-
verie. Le Marquis m'aiant dit
quelques mots fans que je l'euffe
entendu, il me pouffa enfin par le
bras. Je ne fai, me dit-il, fi c'eft
la vûe de ces Turcs qui vous occupe,

pe, mais vous paroissez extrémement rêveur. Je lui répondis, qu'aiant
demeuré plusieurs années en Tur-
quie, il étoit naturel que je visse
des Turcs avec plaisir ; & je lui
proposai de passer de l'autre côté
du vaisseau, pour lier connoissance avec eux. Nous traversames u-
ne infinité de cordages & d'instru-
mens de mer. A mesure que nous
approchions, nous découvrions
mieux la bonne mine des deux jeunes Turcs. Le plus âgé paroissoit
avoir vingt ans : il étoit grand &
robuste pour cet âge. L'autre sembloit en avoir à peine treize ou quatorze: les graces les plus tendres
de l'enfance étoient encore sur son
visage, & tout paroissoit charmant
dans sa figure. Nous jugeâmes que
les deux hommes & les deux femmes étoient leurs domestiques.

Je les saluai en langage Turc,
que je n'avois pas oublié tout-à-fait.
Ils se leverent. Le plus âgé me
répondit civilement; nous primes
place auprès d'eux. Je leur demandai s'ils ne savoient point d'autre
langue que celle de leur païs ; ils

me

F 3

me dirent que non. J'exhortai en
riant le Marquis à prendre patience
pendant notre entretien, & à se
contenter du plaisir de les voir.
Pour moi je continuai à leur faire
diverses questions. Ils m'apprirent
qu'ils venoient de Constantinople
par ordre de leur pere ; qu'ils l'alloient trouver à la Haie, où il avoit
été envoié pour regler avec les Hol-
landois quelques affaires qui con-
cernoient la mer & le commerce ;
qu'ils y passeroient avec lui tout le
tems qu'il avoit encore à y demeurer;
& que selon le projet qu'il leur
avoit écrit, ils reviendroient ensemble par la France qu'ils avoient
envie de voir, & s'embarqueroient
ensuite à Marseille pour retourner
en Asie. Je leur dis que je connoissois fort Constantinople ; que j'y
avois passé quelque tems ; & qu'aiant
eu un assez long commerce avec les
Turcs, j'avois appris à les estimer ;
mais, ajoûtai je, comment avez-
vous osé entreprendre un si long
voiage, sans savoir d'autre langue
que la vôtre ? L'aîné me montra
son Gouverneur, qui étoit l'un des
deux.

deux Turcs affis auprès de lui. Ti-
manes, me dit-il, fait la plûpart
des langues de l'Europe. Je lui demandai ce que c'étoit que les deux
femmes qu'ils avoient avec eux.
C'eft, me répondit-il, la Gouvernante & la Nourrice de mon frere;
car il lui faut encore quelques années, ajoûta t-il en riant, pour
fortir des mains des femmes. Notre
entretien dura ainfi quelque tems
fur les ennuis d'une longue route,
& fur l'incommodité de la mer. Le
plus jeune parloit peu; mais fes
moindres paroles avoient de la grace, & fa voix étoit d'une douceur
dont le Marquis lui même fut en-
chanté, quoiqu'il n'entendit pas la
langue. Plus je regardois cet aimable enfant, plus j'étois touché de
la beauté de fes traits; car je ne
croiois pas pouvoir attribuer à une
autre caufe l'impreffion de tendreffe que je reffentois. Je trouvois dans
la figure de fon frere aîné quelque
chofe qui m'intereffoit auffi: enfin
leur converfation me parut avoir
duré trop peu, lorfque le Brun vint
nous avertir que le Prince Dom

F 4   M....

M . . . étoit éveillé , & qu'il demandoit à nous voir. Je les priai
en les quittant de confentir à lier
avec nous quelque commerce pendant notre navigation. Ils me le
promirent avec quelque apparence
de fatisfaction ; & leur aiant demandé leur nom pour les diftinguer en
leur parlant dans leur langue , qui
n'a point de mot qui réponde à notre
Monfieur , l'aîné me dit qu'il s'appelloit Muleid , & fon frere Memifcès. Je les embraffai tous deux ; le
Marquis fit la même chofe , & nous
nous hâtâmes d'aller rejoindre le
Prince. Son vifage nous fembla
tranquile & repofé. Il nous remercia tendrement d'avoir avancé notre
départ de Lisbonne pour l'accompagner , & il nous fit l'honneur de
nous embraffer tous deux , en nous
appellant fes chers amis. Vivons
tous quatre , nous dit-il , comme
des freres : nous mangerons enfemble , & je veux que nous agiffions
familierement. Le Capitaine lui
avoit cedé la chambre de poupe , qui
étoit grande & fort ornée ; il y avoit
deux lits , dont l'un étoit deftiné

pour

pour Dom Tellès. Comme le Prince n'avoit pris aucune nourriture
depuis le matin, il ordonna qu'on
le fît souper de bonne heure. En
attendant qu'on le servît, nous lui
apprîmes l'agréable rencontre que
nous avions faite de deux jeunes
Turcs les plus aimables du monde.
Le Marquis s'épuisa sur les louanges de Memiscès ; il en parla avec
tant d'affection, que le Prince nous
pria de le lui faire voir le lendemain ; mais il ne put s'empêcher
de rire, lorsque je lui dis que
toute l'amitié du Marquis s'etoit
contractée par les yeux, & qu'il
n'avoit point eu un seul mot de
conversation avec les deux Turcs,
qui ne savoient que leur langue :
nous lui en fimes la guerre agréablement pendant tout le souper.
Mais vous, me dit le Prince, d'où
savez-vous la langue Turque? Cela me paroît singulier pour un François. Je lui répondis d'une maniere
qui lui fit juger que je n'avois pas
toûjours été heureux, & que je devois cette connoissance à mes infor-
tunes. Je vois bien, reprit-il, que

                ce

ce n'est pas le hazard qui nous a
réunis. Si vous avez été malheureux, vous en prendrez plus de
part à mes peines; c'est une consolation que le Ciel me procure.
Il faut que vous me racontiez vos
avantures, & je vous promets de
vous faire aussi le récit du malheureux évenement qui m'oblige à
m'éloigner du Portugal. Le Marquis
& Dom Tellès en nous écoutant
pourront s'affliger par compassion:
car je m'imagine qu'ils n'ont jamais
connu la douleur autrement. Je
prévins le Marquis qui alloit répondre. Je ne sai, dis-je au Prince, si Dom Tellès n'a jamais eu
rien à démêler avec la fortune;
mais je suis témoin que Monsieur
le Marquis n'en a guéres été mieux
traité que moi : si ses malheurs n'ont
pas duré si longtems que les miens,
il n'y a pas été moins sensible, &
vous pourrez tirer de lui autant de
consolation que de moi, s'il est
vrai qu'on en trouve quelqu'une à
s'entretenir avec des malheureux.
Je ne fus pas fâché d'avoir trouvé
cette occasion de faire connoître la
naiſ-

naiſſance & le nom du Marquis, moins par rapport au Prince qui le traitoit déja avec aſſez de diſtinction, que par rapport à Dom Tellès qui m'avoit paru vouloir affecter quelque ſupériorité ſur lui. Je declarai donc ouvertement, que Monſieur le Duc de … m'aiant prié de faire le voiage d'Eſpagne avec ſon fils, tous mes ſoins n'avoient pu empêcher qu'il n'eût eſſuié à Madrid un des plus funeſtes accidens du monde; que je ne l'avois amené à Lisbonne que pour le conſoler, & que le Portugal étant même encore trop proche de l'Eſpagne, j'avois regardé l'occaſion de le quitter comme un grand avantage, outre l'honneur quelle nous procuroit d'accompagner un ſi grand Prince. Mon diſcours fit tout l'effet que j'avois eſpéré. Le Prince redoubla ſes bontez pour mon cher Marquis, & Dom Tellès eut l'honnêteté de lui ceder le pas dans toutes les occaſions. Lorſque nous eumes achevé de ſouper, le Prince nous remit ſur nos malheurs. La nuit eſt longue, nous dit-il, & nous ne craignons

F 6

point

point d'être troublez ici par des im-
portuns : je veux soulager mon
cœur en vous faisant le récit de mes
peines ; vous me ferez ensuite celui
des vôtres.

Tout est si glorieux pour Dom
M.... dans cette relation, que
je ne fais pas difficulté de l'inferer
ici, comme un morceau d'histoire
qui ne sauroit manquer d'être bien
reçu du Public.

Il y a deux ans, nous dit ce Prince, qu'il arriva à Lisbonne un vaiffeau du Brefil, fur lequel Dom
Jofeph de Bermudo y Acoftalas,
qui avoit été douze ou quinze ans
Gouverneur de cette grande Pro-
vince, revenoit chargé de richeffes,
avec toute fa famille. La joie de
fe revoir en Portugal, après une fi
longue abfence, lui fit ordonner à
fes matelots d'orner fon vaiffeau
en entrant dans le Port. Les ru-
bans, les étoffes d'argent & d'or ne
furent point épargnez ; de forte que
cette entrée avoit l'air d'un petit
triomphe. J'étois le même jour à
la chaffe du côté de Belem, d'où
je suis parti ce matin : la vûe de cette

te magnificence me surprit ; je ne
balançai point à me mettre dans
une mauvaise chaloupe qui se trouva sur le rivage ; & je me fis conduire avec deux personnes de ma
suite jusqu'au vaisseau de Dom Bermudo. Il nous reçut honnêtement
sans me reconnoître ; je fis signe à
mes deux compagnons de ne lui
pas découvrir qui j'étois, & nous
ne laissames pas de monter dans son
vaisseau avec beaucoup de liberté :
nous y vîmes sa famille. Il avoit
cinq enfans, quatre garçons & une
fille ; la fille étoit née la quatriéme, & elle me parut âgée de seize
ou dix-sept ans. Je n'ai rien vû de
si beau dans ma vie. Figurez-vous
toutes les qualitez qui peuvent rendre une personne de ce sexe charmante & accomplie : Donna Clara
les possedoit toutes. Je m'entretins
longtems avec Bermudo ; mais les
yeux toujours attachez sur sa fille.
Je trouvai même l'occasion de lui
parler en deux mots de l'impression
qu'elle avoit faite sur mon cœur ;
elle fit semblant de n'avoir rien entendu. Lorsque le vaisseau fut pro-

F 7

che

che du lieu où l'on devoit débar-
quer, je me remis dans ma chaloupe, après avoir promis à Bermudo, que je l'irois voir, & je re-
joignis mes gens de l'autre côté du
rivage. Dom Tellès étoit avec moi.
Il peut se souvenir que je lui parlai
avec ravissement du mérite de Donna Clara ; je formai même sur le
champ un projet que je lui com-
muniquai. Dom Bermudo, lui dis-
je, ne m'a pas reconnu : je veux
profiter le plus longtems que je
pourrai de son erreur, pour m'introduire chez lui, & tâcher d'obtenir quelque affection de sa fille sous
le nom d'un étranger. La grandeur
ne sert qu'à corrompre les plaisirs
de l'amour ; je ne veux pas devoir
à mon rang le cœur de Donna Clara. Dom Tellès approuva mon dessein, & nous formâmes sur cette
idée l'espérance de mille plaisirs. Je
laissai à peine à Dom Bermudo le
tems de se reposer des fatigues de la
mer : je lui rendis visite avec un
équipage simple, mais propre ; &
je me fis annoncer sous le nom ne
Comte de Montefiore, Gentilhomme

me Espagnol. Bermudo me fit
beaucoup de civilitez. Je lui demandai la liberté de saluer son épouse
& ses enfans, & de renouveller
avec eux la connoissance du vaisseau : il me l'accorda. Je demeurai
une partie de l'après midi dans cette
maison ; & comme Bermudo reçut
d'autres visites que la mienne, je
trouvai encore le moment de parler de mon amour à sa charmante
fille. Si je ne sortis pas d'auprès
d'elle plus favorisé & plus heureux
que la premiere fois, j'en sortis infiniment plus amoureux : je le dis
à Dom Tellès, qui se trouva chez
moi à mon retour. Il n'y a plus de
bonheur pour moi sans Donna Clara, lui repétai-je une infinité de
fois ; c'est fait de mon repos, &
peut-être de ma vie, si je n'obtiens
son amour. Dom Tellès me con-
soloit, & m'obligeoit d'esperer : je
me flattois effectivement que mon
respect & mes services pourroient
la toucher à la fin : Un Amant se
flatte toujours dans ses désirs. Cependant, quoiqu'elle eût reçu la
déclaration de ma tendresse avec

assez

aſſez de douceur, je croiois avoir apperçu dans ſes yeux certaines marques d'indifférence, ou plutôt je ne ſai quel air de diſtraction qui me cauſoit plus d'inquiétude que n'auroit fait de la rigueur. Elle ne m'a pas maltraité, diſois-je, elle ne paroît pas diſpoſée à me haïr; mais qu'il y a loin de cet état juſqu'à l'amour! J'eus même dès-lors quelque preſſentiment du trop invincible obſtacle que je devois bientôt trouver à mes eſpérances; & ce ſoupçon confus me cauſa quelques mouvemens de triſteſſe, dont j'aurois eu peine à développer nettement la cauſe.

Dom Bermudo, après s'être repoſé pendant quelques jours, obtint une audience du Roi, dans laquelle il eut l'honneur de lui preſenter toute ſa famille. Il m'en fit demander une auſſi: jugez de mon embarras. Mon ſecret eſt ſur le point d'expirer, dis je à Dom Tellès; il eſt impoſſible que Donna Clara & ſon pere & ſes freres ne me reconnoiſſent point, quelques meſures que je puiſſe prendre. Je ſus fâché
de

de ce contretems qui alloit détruire
tous les plaisirs que j'espérois dans
le mystere. Cependant après y avoir
un peu pensé, je crus pouvoir encore échaper quelque tems à la
connoissance de Dom Bermudo &
de sa fille. Je me mis au lit, feignant
d'être incommodé : j'y demeurai
pendant quelques heures ; & faisant
ensuite semblant de me trouver
mieux, quoique toujours assez mal
pour être obligé de garder le lit, je
fis avertir Bermudo, que j'étois en
état de recevoir sa visite. Il vint à
ma chambre avec sa famille : l'audience fut courte : je sentois quelque honte d'être en cette situation
devant ma maîtresse, moi qui aurois
donné tout ce que je possedois pour
obtenir d'être souffert à ses pieds.
Dès que cette chere personne fut
sortie de chez moi, je me fis habil-
ler, & je me rendis chez elle dans
mon équipage ordinaire. Cette visite
se passa comme les précédentes,
c'est-à-dire, sans que je fusse reconnu de personne. J'étois entré assez
familierement, & j'avois eu soin de
ne pas mettre le pied dans la salle

où

où Bermudo recevoit ses compagnies. Je n'avois pas trouvé néanmoins Donna Clara seule : Outre deux de ses freres, elle avoit avec elle quelques Brasiliens ou Portugais arrivez nouvellement du Bresil, quoique dans un vaisseau different du sien. Ce n'étoit pas d'eux que j'appréhendois d'être reconnu ; Mais helas ! continua Dom M . . . . avec un soupir, je devois en appréhender quelque chose de bien plus funeste, dont néanmoins je ne me défiai nullement ce jour là. J'en considérai seulement un avec attention; parce que je lui trouvai une de ces physionomies, extraordinairement heureuses, qui se font regarder malgré qu'on en ait. Je m'informai même de son nom. Il s'appelloit Alonso Luis, & il étoit âgé d'environ vingt-cinq ans. Mais je ne poussai pas la curiosité plus loin, & je me retirai sans prévoir les peines qu'il devoit me causer.

Le lendemain, étant retourné dans cette maison à la même heure, j'y trouvai encore Alonso Luis, & je l'y trouvai seul avec Donna Clara

&

& ses freres. Sa présence commença à m'inquiéter : Que signifie cette assiduité, disois-je ? & pourquoi ce beau jeune homme se trouveroit-il aussi réguliérement que moi chez Bermudo, s'il n'y étoit pas conduit par la même raison ? Dans le tems que j'étois occupé de cette pensée, Dom Lopez de Carvagas, ancien ami de Dom Bermudo entra librement dans la salle où nous étions ; & surpris de me voir dans une situation si familiere, il me dit avant que j'eusse pu l'appercevoir : Eh ! mon Prince, qui s'attendroit à faire dans cette petite salle une si honorable rencontre ? Et où est donc le cher Bermudo, qui ne se trouve point ici pour répondre à la faveur que vous lui faites ? Carvagas, lui répondis-je, vous êtes un indiscret, qui venez détruire le dessein que j'avois d'être ici inconnu. Je ne sai, ajoûtai-je d'un air un peu piqué, si je vous pardonnerai ce mauvais tour. Le pauvre Carvagas se mit à me faire des excuses, qui acheverent d'éclaircir la scene. Donna Clara & ses freres plus surpris que

je

je ne puis dire, m'en firent auffi,
de ne m'avoir pas rendu jufqu'alors
ce qu'ils croioient me devoir. J'eus
beau faire pour arrêter le bruit qui
s'en répandit dans la maifon. Dom
Bermudo & fon époufe fe prefferent
d'accourir, & le refte de la vifite fe
paffa en cérémonies. Je ne donnai
point d'autre raifon de l'*incognitò*
que j'avois gardé, que l'envie d'apprendre en détail l'état du Brefil,
& d'être informé des curiofitez qui
s'y découvrent de jour en jour. Je
fis mille amitiez à Dom Bermudo
& à toute fa famille; & je leur dis
que j'étois fi content de leur maifon, que j'y continuerois mes vifites. J'avois les yeux fur Donna
Clara pour obferver fes mouvemens:
elle ne pouvoit plus douter que je
l'aimaffe avec paffion; je cherchois
dans fes regards ce que je devois
penfer de fon cœur après l'éclair-
ciffement qui venoit d'arriver. J'y
vis du trouble; mais, hélas! fi
c'étoit moi qui l'avois caufé, je ne
pus me flatter longtems d'en être
l'objet. Alonfo Luis que je regardai en même tems, me parut auffi
trou-

troublé qu'elle, & leurs yeux qui se rencontroient quelquefois, sembloient s'exprimer autant de douleur que d'amour. Je ne doutai plus qu'ils ne s'aimassent, & que Donna Clara ne l'eût averti des témoignages que je lui avois donnez de ma passion : peut-être les avoient-ils regardez comme une chose assez indifférente, tant qu'ils ne m'avoient connu que sous le nom de Montefiore ; mais ils commençoient à craindre & à s'affliger en apprenant mon rang & mon nom. Voilà ce que je me figurai ; & cette réflexion que je fis à l'heure même, me jetta dans un véritable desespoir.

Je ne vous répéterai pas mes plaintes. Je m'enfermai seul dans mon cabinet, où je me livrai à toute la violence de ma douleur. Je ne vis personne ce soir, & je passai une partie de la nuit dans la même agitation. Cependant en réfléchissant sur mon malheur, il me vint à l'esprit, que je me causois peut-être des tourmens inutiles ; que mes soupçons étoient précipitez, & que je devois chercher du moins

des

des éclairciffemens plus fûrs pour m'affliger avec raifon. Je gagnai ainfi fur moi de prendre un peu de fommeil. Le matin, Dom Bermudo & fes fils me vinrent remercier de la confidération que j'avois marqué pour eux. Je fis naître l'occafion de leur demander ce que c'étoit qu'un jeune homme nommé Alonfo Luis que javois vû chez eux plufieurs fois. Bermudo me répondit fimplement, que c'étoit un jeune Brafilien, dont le pere & la mere étoient Portugais ; que fa naiffance étoit ordinaire, mais qu'il avoit les fentimens d'un homme de diftinction, & les qualitez perfonnelles, telles que j'avois pu les reconnoître ; qu'un fervice de la derniere importance, qu'il avoit rendu avec beaucoup de courage & de bonheur à fa fille Donna Clara, l'avoit rendu cher à toute fa famille ; & qu'étant venu fe promener en Portugal, il le voioit volontiers dans fa maifon. Ce difcours me remit entierement. Je me reprochai l'injuftice que j'avois eue, de foupçonner Donna Clara d'un attachement

ment indigne d'elle. Alonso, disois-
je, a du mérite; mais Donna Clara
sait trop ce qu'elle doit à son sang
& à soi même, pour s'abaisser jusqu'à lui. Je repris mes espérances,
& je dis à Bermudo, que j'irois à
sa maison l'après-midi. Une partie
de la Cour qui m'étoit attachée,
s'y rendit avec moi; de sorte que
l'assemblée y fut nombreuse & brillante. Donna Clara y parut avec
tous ses charmes. Alonso Luïs
n'avoit garde de se trouver là, &
d'ailleurs il ne me donnoit plus
d'inquiétude. On joua, on rit,
on s'entretint de mille choses agréa-
bles. Je m'enflammai plus que
jamais auprès de la charmante Clara, & j'avertis en sortant de l'assemblée, que je me rendrois tous
les jours à la même heure chez
Dom Bermudo. Je ne sai si l'on
s'apperçut de ma passion; je ne pris
pas la peine de m'en informer.

Cependant je n'étois pas satisfait
d'être réduit à des témoignages si
genereux de mon amour. J'inven-
tai des fêtes pour trouver l'occasion
d'entretenir Donna Clara en parti-
cu-

culier : elle s'y trouva toûjours, &
elle en faisoit le principal ornement.
Je lui renouvellois chaque fois les
assurances d'un attachement éternel,
& je tâchois de lui faire connoître
que tout étoit entrepris pour lui
plaire. Elle écoutoit mes protesta-
tions d'amour avec complaisance ;
mais je ne m'appercevois que trop
qu'elles ne faisoient nulle impression
sur son cœur, & mon bonheur
n'en étoit pas plus avancé. Je lui
reprochois quelquefois son insensibilité ; elle me répondoit d'une
maniere qui auroit satisfait tout
autre qu'un amant ; mais c'étoit de
la tendresse que je demandois d'elle,
& j'étois desesperé de ne pouvoir
en obtenir. Aiant peine à me per-
suader qu'une résistance si constante
à mes soins fût naturelle, je fis
gagner sa femme de chambre ; &
j'emploiai tant de gens à l'observer,
que je fus informé enfin de ce que
je voudrois avoir ignoré toute ma
vie. Malheureux éclaircissement,
dont les funestes suites ont empoi-
sonné tout mon repos ! J'appris
donc que j'avois été jusqu'alors la
dupe

dupe d'une fausse insensibilité ; que Donna Clara brûloit de la plus vive passion ; & que ce même Alonso Luis que je croiois avoir soupçonné injustement, en étoit l'objet. Il est impossible que je vous exprime mon dépit & ma fureur. Quoi! l'ingrate me préfere un Alonso , à moi, disois-je, qui l'aime si tendrement, & qui lui ai donné tant de preuves de mon amour ! Ah! son indigne amant périra : je veux qu'il expire à ses yeux. Peut-être en effet l'aurois-je tué de ma main, s'il se fût présenté à ma colere dans ce premier moment : mais la nuit aiant un peu calmé mes transports, je me contentai le lendemain de faire dire à Alonso Luis, de retourner au Bresil sur le premier vaisseau, qui devoit partir deux jours après. Son amante & lui n'eurent pas de peine à juger qu'ils étoient trahis, & que ma jalousie étoit la cause de cet ordre. Alonso ne parut plus. Je le crus parti ; & l'espoir reprit de nouvelles forces dans mon cœur.

Donna Clara eut assez de pou-

voir fur elle même pour déguiser
fa douleur ; mais elle n'accorda
rien davantage à mon amour. Au
contraire fes manieres me parurent
plus refervées & plus refpectueufes.
C'étoit me punir rigoureufement
du chagrin que je lui avois caufé.
Je ne pus tenir longtems contre
tant de dureté. Un jour que je lui
donnois la main à la promenade,
je laiffai échaper des plaintes , & je
l'accufai d'injuftice dans la préfé-
rence qu'elle accordoit fur moi à
Alonfo. Mes termes étoient néanmoins fi tendres & fi refpectueux,
qu'elle ne pouvoit raifonnablement
s'en offenfer. Elle parut déconcer-
tée ; & je la vis chercher quelque
tems fa réponfe. Enfin elle prit le
parti de déguifer fon amour fous le
nom de reconnoiffance ; elle m'affura qu'elle n'avoit pour Alonfo
que les fentimens qu'elle devoit
aux fervices qu'elle avoit reçus de
lui; & elle me dit en affectant de
me faire connoître , qu'elle regardoit mes reproches comme un badinage; qu'elle avoit raifon de fe
plaindre à fon tour de l'opinion

que

que j'avois d'elle. Eh! belle Clara, repris-je, quel fruit esperez-vous en trompant un Prince qui vous adore, & qui sent trop malgré le penchant qu'il a à vous croire, que vous lui déguisez vos sentimens? dites-moi bien plutôt, que vous êtes prévenue d'une passion dont vous n'avez pu vous défendre: dites moi qu'Alonso Luis à sur votre cœur des droits invincibles, que son mérite & votre inclination lui ont acquis: enfin, ditez-moi nettement, que votre tendresse n'est point un bien que je puisse me flatter de jamais obtenir; j'accuserai alors le Ciel de mon malheur; je gémirai en secret; & je tâcherai de dévorer mes peines; j'aurai même la triste satisfaction de croire que les connoissant, vous les plaignez, & qu'il ne depend pas de vous de me rendre plus heureux.... Donna Clara m'interrompit pour m'assurer, qu'elle sentoit tout le prix de la tendresse que j'avois pour elle, & que ma qualité de Prince n'étoit pas ce qu'elle trouvoit de plus estimâble dans ma personne; mais étant

naturellement finçere, continua-t-
elle avec beaucoup de douceur, je
ne vous cacherai pas que je fuis incapable d'aimer ; & que tous les
foins dont vous m'honorez, font
fuperflus; non que je fois prévenue
d'une autre paffion, comme vous
me le reprochez; mais parce que
telle eft la difpofition de mon cœur.
Elle prononça ces paroles d'un air
fi naturel & fi propre à perfuader,
que je demeurai dans un embarras
extrême fur la réponfe que je lui
devois faire. Heureufement nous
ceffames bientôt d'être feuls. Plufieurs perfonnes s'approcherent de
nous; & la converfation étant devenue générale, je ne tardai guéres
à me retirer. Seroit-il vrai qu'elle
n'aime rien; difois-je en retournant
chez moi ? n'a-t-elle pas deffein de
me tromper par des termes ambi-
gus ? Elle eft incapable d'aimer:
n'eft ce pas que fon cœur eft fi
rempli d'amour; qu'il n'eft pas capable d'en recevoir davantage? D'un
autre côté, fi elle étoit fi paffionnée
pour Alonfo, comment fouffriroit-
elle fon abfence avec tant de tran-
quil-

quillité? M'assureroit-elle si naturellement qu'elle m'estime, moi
qu'elle devroit haïr & dètester pour
l'avoir séparée de son amant?

Je résolus de terminer absolument
cette incertitude. Je fis appeller
deux de mes plus fideles Officiers
qui m'avoient donné les premieres
nouvelles de son amour ; je leur
reprochai de s'y être mal pris pour
m'éclaircir, & de s'être trompez
dans leur rapport. L'un d'eux qui
s'appelle Dom Vaccellos, prit la
parole avec feu : Je vois bien, me
dit-il, mon Prince, qu'on veut
vous tromper vous même ; maîs si
vous me connoissez de l'honneur,
fiez-vous à l'assurance que je vous
donne, non seulement qu'Alonso
Luis est aimé de Donna Clara de
Bermudo, mais qu'il est encore à
Lisbonne malgré vos ordres ; qu'il
s'y tient caché ; & qu'il a tous les
soirs avec elle un entretien secret
dans le jardin de San-Marco. Un
homme à qui l'on enfonce à l'im-
pourvû un coup de poignard, n'est
pas plus saisi ni plus troublé, que je
le fus à ce funeste avis. La fureur

 suc-

fuccéda auffitôt à l'étonnement. Ah!
m'écriai-je, les perfides ofent me
jouer! Ils périront tous deux; je
veux les immoler ce foir de ma propre main. Sans délibérer davantage,
j'ordonnai à Vaecellos & à fon
compagnon, de fe préparer à me
fuivre au jardin de San-Marco, à
l'heure que Donna Clara devoit s'y
trouver. J'attendis ce tems avec impatience. Tous mes mouvemens
étoient furieux. Enfin je partis à
pied, & déguifé, avec mes deux
Officiers. Ils connoiffoient l'endroit
où les deux amans avoient coûtume
de fe rendre; parce qu'ils les avoient
obfervez plufieurs fois. Ils me le
montrerent de loin, & je leur dis
de s'éloigner, & de me laiffer feul.
Je m'avançai vers le cabinet où je
devois trouver ma proie; & ma fureur s'animoit en avançant; il me
fembloit que rien ne pouvoit dérober
Alonfo à ma vengeance. Pour Donna Clara, fa mort n'étoit pas encore
tout-à-fait décidée dans mon cœur.
J'avois remis à me déterminer au
moment que je la verrois. Enfin
j'entrai: je les vis tous deux dans
une

une posture qui devoit renouveller mes transports ; l'amante assise , & Alonso à ses genoux , qui lui tenoit une de ses mains. Comment put-il éviter la mort ? Ne devois-je pas le percer de mille coups ? Il n'y avoit qu'un miracle qui pût le sauver ; mais l'amour est accoûtumé d'en faire. Donna Clara m'apperçût, un éclair ne frappe pas les yeux en moins de tems qu'elle en emploia pour se jetter vis-à-vis de moi , & pour m'arrêter en me serrant le corps de ses deux bras. Je fis quelques efforts pour me dégager , elle me retint avec une vigueur que je n'aurois pas attendue de sa délicatesse ; & puis de quelle résistance étois-je capable contre une personne que j'adorois, & serré de cette sorte entre ses bras ? Je me laissai conduire sur un siege de gazon , où elle me fit asseoir. Ah ! Mademoiselle , lui dis-je d'une voix entre-coupée par la douleur, que l'amour vous donne de force, & qu'il m'inspire de foiblesse ! Vous triomphez aujourd'hui de moi plus souverainement que vous n'aviez fait enco-

G 4

re;

re ; j'en avois été quitte jufqu'à
prefent pour mon repos mais vous
en voulez maintenant a ma vie, &
je vois bien qu'il vous fera fort
indifferent que je la perde , des que
vous confervez celle de votre heureux amant. Et toi, continuai-je
en m'adreffant à Alonfo qui s'étoit
mis un genouil en terre , vis-à vis
de moi ; Heureux Alonfo ! fens-tu
maintenant ton bonheur ? apprens-
tu à l'eftimer par la jaloufie qu'il
me caufe ? Va, ne regarde pas mou
rang avec des yeux d'envie ; je le
facrifierois à la moindre partie de ta
felicité. Mais, repris-je après m'ê-
tre arrêté un moment , d'où t'eft
venue l'audace de demeurer en Portugal, après l'ordre que je t'ai fait
donner d'en fortir? Il t'en coùtera
la vie; fi ce n'eft pour venger mon
amour , ce fera du moins pour punir ta defobéiffance. J'allois me
lever pour le faifir, & appeller en
fuite Vaccellos; Donna Clara tran-
fportée de fraieur , fe jetta elle-
même à mes genoux , & me demanda grace pour lui en verfant un
torrent de larmes: Dans le trouble

où

où j'étois, je ne pris point garde à
sa situation ; elle y demeura quelque
tems, en continuant de me presser
de la maniere la plus tendre. Mais
aiant ouvert les yeux tout d'un
coup, & la voiant dans cette posture humiliée ; je pensai mourir de
honte & de douleur. Quoi ! Mademoiselle, lui dis je avec transport,
vous vous réduisez à cet état pour
sauver Alonso. & vous croiez devoir vous y reduire pour obtenir de
moi quelque chose qui peut vous
plaire ! Ah ! que ces deux pensées
me font éprouver un cruel tour-
ment ! Qu'Alonso est heureux, &
que je suis à plaindre ! Ne crains
rien, Alonso, ajoutai-je en me
tournant vers lui ; tu vivras, celle
qui s'intéresse pour ta vie est la maîtresse absolue de la mienne. Il dé-
pend d'elle également de me faire
mourir, & de te faire vivre : mais
porte ton bonheur loin de mes yeux,
& sors pour jamais de ma présence. Cruelle ! repris je en m'adres-
sant à Donna Clara, exigeriez-vous
encore que je fusse témoin de la felicité d'un tel rival, & ne consenti-

rez-vous pas du moins à l'ordre que je lui donne de ne jamais paroître devant moi ? Elle lui fit signe de sortir, & il s'éloigna aussitot. Je demeurai seul avec elle & sa femme de chambre qu'elle amenoit toûjours au jardin, & qui étoit dans mes intérêts. Elle ne me parla plus de son amant ; mais après m'avoir confessé qu'elle se sentoit touchée de la constance de ma passion, & de tous les témoignages qu'elle en avoit reçus, elle tâcha de rejetter l'impuissance où elle étoit, d'y repondre, sur la force de la destinée, qui regle nos penchans, & qui préside à l'union des cœurs. Je la laissai dire tout ce qu'elle voulut, & je la conduisis vers son carosse sans lui parler presque autrement que par des soûpirs.

La nuit commençoit à être obscure: je rentrai dans le jardin pour rejoindre mes compagnons. En marchant doucement je m'occupois de la bizarrerie de mon sort & du tyrannique pouvoir de l'amour. Je repassois tout ce que ma passion m'avoit causé d'amertumes, & ce qu'elle qu'elle m'en préparoit encore, étant réduit à aimer sans la moindre espérance. J'essaiai même après mille refléxions de secouer le joug, & de rendre la paix à mon cœur, en rompant tout d'un coup ses chaînes. Pourquoi troubler, me disois je, deux amans qui vivroient heureux sans moi, & qui n'ont point de compte à me rendre des sentimens de leur cœur ? Qu'Alonso soit digne ou non de Donna Clara, qu'elle ait des raisons de l'aimer, qu'elle n'en ait point, que m'importe ? Ils s'aiment enfin ; & je n'ai pas le droit d'y mettre opposition. C'en est fait, qu'ils s'abandonnent à leur amour, je veux les laisser tranquiles : je veux le devenir moi-même . . . . Mais hélas ! reprenois-je un moment après, le puis-je ! Qui me donnera la force d'oublier Donna Clara, d'effacer tous ses attraits du fond de mon ame ? S'ils y sont gravez pour jamais, puis-je les y voir sans cesse, & cesser de les aimer ! Elle adore Alonso, elle en est aimée. Eh ! quel tort leur cause mon amour ? Ai je puni comme je

le

le pouvois , un rival dont la concurrence me blesse ? L'ai-je maltraité? Lui ai-je dit un mot dur ou offensant ? Helas! ma passion ne sert peut être qu'à aiguiser leur tendresse , & à leur faire trouver plus de douceur à s'aimer. Alonso sent mieux le prix d'un bien qu'il sait que je désire , & Clara lui fait valoir le sacrifice d'un amant tel que moi : je suis le seul malheureux ; ils ont tous les plaisirs de l'amour, & je n'en ai que les tourmens & les supplices. Mais enfin ces tourmens mêmes me sont précieux ; & je consentirois moins à les perdre, qu'à les voir augmenter.

Pendant que j'étois le plus profondément occupé de ces refléxions, j'entendis à vingt pas de moi le cliquetis de quelques épées. Comme il étoit tard , & que je n'avois vû personne dans le jardin , j'appréhendai que ce ne fût mes Officiers qui eussent pris querelle. Est-ce vous , Vaccellos ? m'écriai je en avançant. Je reconnus sa voix, & je lui commandai d'arrêter. Le coup étoit porté. M'étant approché, ehé, je vis un homme étendu, qui versoit un ruisseau de sang : c'étoit Alonso Luis. Vaccellos me dit que venant de le rencontrer, qui se promenoit seul, & se souvenant que mon dessein étoit de lui ôter la vie, il s'étoit imaginé qu'il avoit pu m'échapper ; que pour assurer ma vengeance, il l'avoit attaqué à armes égales, & qu'il croioit l'avoir tué. Qu'avez-vous fait ? lui dis-je ; je lui avois accordé la vie : Donna Clara mourra de douleur. Je voulus voir s'il étoit mort : il me répondit lui-même, qu'il ne l'étoit pas, mais qu'il étoit dangereusement blessé, & il me remercia de l'intérêt que je paroissois prendre à son malheur. Je révai un moment sur cette avanture, & je formai sur le champ le dessein le plus extraordinaire, & le plus capable de vous surprendre. Ce fut de faire transporter Alonso chez moi, & d'en prendre autant de soin que s'il m'eût été très-cher. L'ingrate Clara, dis-je en moi même, sera obligée du moins de reconnoître, que la tendresse que j'ai pour elle

est

est extrême, en voiant que je la
respecte jusques dans un rival
odieux, quelle me préfere. Mes
Officiers furent surpris de l'ordre
que je leur donnai d'arrêter le sang
d'Alonso, & de l'aider à me suivre
jusques chez moi. Je le fis loger
proprement, & je mis auprès de
lui deux de mes domestiques pour
le servir jusqu'à sa guérison. Il ne
savoit lui-même ce qu'il devoit penser de cette attention. On me dit
le lendemain, qu'il avoit marqué de
l'inquiétude pendant toute la nuit.
Je me dérobai le matin pour l'aller
voir à sa chambre. Sa confusion
fut extrême en me voiant entrer.
Je fis retirer mes gens pour être
seul avec lui. Eh bien, lui dis je,
heureux amant, quelle idée avez-
vous de votre rival? Me regardez-
vous encore comme votre ennemi?
L'embarras où il étoit, l'empêcha
de répondre distinctement. J'entendis quelques mots confus, qui ex-
primoient sa surprise & sa reconnoissance. Je ne vous en demande
point d'autre, repris je, que de
rendre témoignage à votre amante;

que

que je n'ai point de part à votre bleſſure, & que je n'épargne aucuns ſoins pour vous rendre à elle. Je le quittai en finiſſant ces mots.

Ce projet me parut digne de moi. Je m'applaudis d'une invention ſi ſinguliere de ma générosité & de mon amour: Alonſo ne manqua point de faire ſavoir à Donna Clara le malheur qui lui étoit arrivé, & le bon office que je lui avois rendu. Je m'en apperçus, étant allé chez elle l'après-midi. Je ménageai le moien de me trouver ſeul avec elle; & comme j'ouvrois la bouche pour lui raconter ce qui s'étoit paſſé, je la vis répandre des larmes avant que de m'avoir entendu. Ah! Prince trop généreux, me dit-elle en interrompant mes premieres paroles, n'accablez point une malheureuſe par un récit qui va me faire trop ſentir combien je ſuis indigne des bontez que vous avez pour moi. Je ſai ce que je vous dois, & j'accuſe le Ciel qui me réduit à la néceſſité d'être ingrate. Non, non, lui répondis-je, ne craignez rien,

bel-

belle Clara; je ne viens point me
faire un mérite d'avoir fauvé la vie
à Alonfo, ni vous reprocher le fervice que je lui ai rendu. Je viens
vous apprendre feulement que vous
n'avez rien à appréhender pour fes
jours, & que fa vie eft en fûreté,
tant que je ferai au monde, & qu'il
fera aimé de vous. Je veux faire
bien plus; je le comblerai de biens
& d'honneurs, pour le rendre digne
de la qualité de votre amant & de
celle de mon rival. Oui, Alonfo
va me devenir cher, parce qu'il eft
l'objet de votre amour, & je vous
rendrai ainfi dans la perfonne que
vous aimez, les preuves d'une paffion que vous rejettez lorfqu'elle
s'adreffe à vous.

Donna Clara avoit le cœur des
plus généreux & des plus tendres.
Mon difcours la toucha fi vivement, que je la vis prête à fe jetter à mes pieds pour m'exprimer les
mouvemens dont elle étoit agitée.
Elle ne put s'empêcher de m'appeller fon cher Prince, & de me dire
que fa vie étoit un bien qui m'appartenoit, & que j'avois trop bien

ac-

acquis: c'étoit son cœur qui s'exprimoit; je le voiois dans ses yeux & sur ses levres. Quelle me paroissoit aimable en cet état! Que n'aurois je pas sacrifié pour mériter une de ces larmes qu'elle répandoit avec profusion pour Alonso! Car enfin je découvrois assez que les plus vives marques de sa reconnoissance avoient son amant pour objet, & qu'elle eût été bien moins touchée de ce que je faisois pour elle, si Alonso n'en eût recueilli le fruit. Elle me confessa nettement, pour la premiere fois, que ce bienheureux mortel occupoit toutes ses affections; & elle m'assura que ne pouvant me donner son amour, elle seroit toujours prête à me donner tout son sang. Le partage est bien injuste, lui dis je, & vous savez trop bien, que ce que vous m'offrez ne sauroit être accepté. Mais, Mademoiselle, continuai-je avec un soûpir qui lui marquoit mon desespoir, ne saurai je donc jamais ce qui vous attache si invinciblement à l'heureux Alonso? Je sai qu'il est aimable, & le cœur

d'ail-

d'ailleurs ne rend guéres compte
des raisons qu'il a d'aimer ; mais
enfin l'honneur de votre sang vous
auroit empêchée sans doute de vous
livrer à une passion si disproportion-
née, si vous n'en aviez eu des raisons que vous n'avez pu vaincre.
Refuserez-vous de me les apprendre ? Avez-vous quelque intérêt à
me les cacher ? Quels sont ces services importans qu'il vous a rendus,
& dont vous m'avez parlé plus d'une
fois ? Peut-être cette connoissance
servira-t-elle à me rendre plus tranquile. Elle me répondit, que loin
de vouloir me les déguiser ; elle
s'étonnoit d'avoir tardé si longtems
à me faire un récit si court, & qui
auroit pu me faire trouver sa foiblesse pour Alonso plus excusable.
J'étois, me dit-elle, à . . . . . ca-
pitale du Bresil. Je n'y connoissois
point l'amour. Un jour que la chaleur étoit excessive, je proposai sur
le soir à quelques-unes de mes
compagnes, de nous mettre dans
un bâteau sur la riviere, pour y
prendre le frais. Nous étions six
ou sept du même sexe. La fraîcheur
de

de l'eau & la beauté des prairies aux environs nous firent avancer plus loin que nous n'avions résolu; & aiant apperçu un endroit de la riviere où le sable paroissoit pur & sans profondeur, nous prîmes toutes ensemble le dessein de nous baigner pour achever de nous rafraîchir. Nous fimes gagner le bord aux bâteliers; ils s'éloignerent par notre ordre aussitôt que nous fumes descendues : déja nous commencions à nous dépouiller de nos habits, lorsque deux leopards, sortis d'une forêt voisine, prirent leur chemin vers nous en courant. Nous les vîmes; & l'effroi qu'ils nous causerent, ne nous permit de songer qu'à la fuite. Ces animaux sont prompts: ils nous joignirent en un instant, & saisirent tous deux une de mes compagnes qui couroit à mon côté. Elle jetta un cri épouvantable en tombant; la fraieur me fit tomber moi même avec elle sans connoissance. Je ne vis point le reste de cette cruelle avanture, parce que je ne repris pas sitôt mes esprits; mais en voici la suite telle que

que je l'ai fûe depuis. Les deux leopards nous tranſporterent ma compagne & moi à quelque diſtance de la riviere, au milieu des herbes de la prairie, & là par un bonheur dont je ne puis trop remercier le Ciel, ils commencerent par déchirer ma miſerable compagne. J'aurois eu infailliblement le même fort après elle, ſi le Ciel n'eût veillé ſur mes jours: il permit que celles de notre compagnie qui avoient fui plus heureuſement que nous, rencontrerent en approchant de la ville Alonſo Luis qui chaſſoit dans la prairie. Elles lui apprirent notre malheur, & le preſſerent de nous venir ſecourir. Il me connoiſſoit, il m'aimoit même, ſans que je l'euſſe jamais vû. Il vola à mon ſecours : ce ne fut pas ſans peine qu'il découvrit les monſtres, dont j'allois être la pâture. Il fondit ſur eux ſans conſidérer le péril, & les tua tous deux à coups de poignard, ſans en avoir rien reçu qu'une legere bleſſure à la jambe. Il me rappella la connoiſſance en m'agitant un peu. Jugez quels fu-

rent

rent mes premiers sentimens à la vûe du péril dont j'étois heureusement délivrée. Ma pauvre compagne, ou plutôt les restes de son corps sanglant, & à demi dévoré, furent le premier spectacle qui s'offrit à mes yeux. J'étois couverte de son sang qui avoit coulé jusqu'à moi. Les monstres étoient étendus d'un autre côté à quatre pas. Alonso m'aida à me lever, & à me soûtenir. Je le considérois sans avoir la force de lui demander qui il étoit, & par quel miracle il m'avoit secouru. La douceur de son visage & de ses yeux, la beauté de sa taille, tout cela s'insinuoit dans mon cœur avec la reconnoissance. Il me pressa enfin de prendre le chemin de la ville, & s'offrit même à me porter. Je lui dis que les bâteliers qui nous avoient amenez, ne pouvoient pas être loin: nous les apperçûmes effectivement à quelque distance. La hauteur du bord de la riviere leur avoit caché notre infortune. Je rentrai dans le bâteau. Alonso me continua ses soins, mais avec un respect, un zele, une at-

ten-

tention qui ne me parut pas pouvoir être causé par la simple pitié. Nous arrivâmes à la ville dans le tems qu'une foule de monde en sortoit pour aller à ma défense. Je forçai Alonso, qui eut la modestie de vouloir se retirer après m'avoir remise en des mains sûres, de m'accompagner jusqu'au palais de mon pere , & je le lui présentai comme mon libérateur & l'auteur de mon salut. Un tel service lui fit trouver dans la suite auprès de moi un accès toujours libre. L'habitude de le voir , & la connoissance qu'il trouva l'occasion de me donner de ses sentimens, servirent enfin à lui faire découvrir les miens. Je n'ai pu ni les lui cacher, ni les surmonter ; & j'ai cru que ce qu'il avoit fait pour moi, les justifioit. Voilà, ajoûta-t-elle , ce que vous avez souhaité de savoir. Me trouvez-vous coupable ?

Non, Mademoiselle, non, lui dis-je ; mais je me trouve infiniment malheureux. Je vois bien qu'un amour si juste ne sauroit manquer d'être constant ; je perds par con-

conséquent l'espérance ; & malgré cela, rien n'est capable de me faire perdre mon amour. Concevez quels vont être mes tourmens. Cependant fussent-ils mille fois plus cruels, ils ne m'empêcheront pas d'executer ce que je vous ai promis pour Alonso.

En effet, un emploi étant venu à vaquer dans ma Maison, même avant son rétablissement, je l'en pourvûs par préference ; & peu après sa guérison, c'est-à-dire, environ six semaines après sa blessure, je le fis mon premier Ecuyer. Il faut que je le confesse, Alonso avoit un véritable mérite: il soûtint son élévation, comme si elle lui eût été naturelle: ses belles qualitez le firent estimer, non seulement de toute ma Maison, mais de la Cour entiere. Je ne pus me défendre moi-même d'aimer sa vertu modeste & généreuse, & de lui marquer que j'étois content de sa conduite & de ses manieres. Je le faisois appeller quelquefois en particulier pour lui parler de Donna Clara. Comme il n'ignoroit pas la violence

ce de ma paſſion, il ſe jettoit à mes genoux, pour m'exprimer par ſes larmes le deſeſpoir qu'il avoit d'être un obſtacle à ma félicité; & je ſuis perſuadé qu'il étoit ſincere, lorſqu'il m'offroit de ſacrifier ſa vie pour rendre la mienne plus heureuſe. Non, lui diſois-je; cette preuve de votre affection me ſeroit inutile; vous ſeriez aimé juſques dans le tombeau. Je connois votre amante, & je ſais que je ne gagnerois rien à vous perdre. Pour elle, je continuois toujours de la voir, malgré mille réſolutions contraires. Elle paroiſſoit me recevoir avec plaiſir, & comme elle étoit douce & complaiſante, elle s'efforçoit par ſes manieres honnêtes & careſſantes, de me faire oublier mes peines: mais ſa bonté même & ſes careſſes étoient un nouveau poiſon, qui augmentoit mon mal, & qui rendoit mes playes incurables.

Il arriva pendant ce tems-là quelques changemens dans ſa famille, qui firent prendre une nouvelle face à ſa fortune. Une fiévre contagieuſe lui enleva ſon pere & ſes trois fre-

freres aînez ; desorte qu'elle se
trouva maîtresse d'elle-même, &
seule en quelque sorte à la tête de
sa maison ; l'unique frere qui lui
restoit, aiant tout au plus huit ou
dix ans. Elle fut atteinte aussi du
même mal, & reduite à-l'extrémité
du danger. La crainte d'exposer
ma propre vie ne m'empêcha point
de la voir assidûment dans cette
situation, & d'emploier pour sa guérison des soins que l'amour seul
peut inspirer. J'eus la satisfaction
de reconnoître qu'elle y étoit sensible. Un jour qu'elle se croioit
plus mal, & qu'on n'espéroit plus
qu'elle pût éviter la mort, elle prit
ma main qu'elle serra tendrement,
en m'assurant que l'ingratitude dont
elle avoit été forcée de payer une
passion aussi tendre & aussi généreuse que la mienne l'empêchoit de
regretter la vie. Mais ce qui vous
paroîtra plus surprenant, continua
le Prince, c'est que j'admettois
alors avec moi dans sa chambre
son cher Alonso Luis, & que j'avois
quelquefois la force de supporter
les assurances qu'ils se donnoient

de leur tendreſſe & de leur fidelité éternelle.

Elle ſe rétablit enfin contre toute eſpérance. La Cour qui n'ignoroit plus ſes ſentimens pour Alonſo, ne douta point qu'étant libre deſormais dans ſon choix, elle ne diſpoſât de ſa main en faveur de cet heureux amant. Les honneurs & les richeſſes dont je l'avois comblé, ſembloient avoir raccourci l'intervalle que la naiſſance avoit mis entre elle & lui. Peut-être ſe flatoit-il lui-même de cette eſpérance, quoiqu'il n'eût point encore la hardieſſe de le témoigner. Cette penſée me jetta dans une triſteſſe mortelle. Je réſolus de faire un nouvel effort pour faciliter quelque ſuccès à ma paſſion, & ſans démentir la conduite généreuſe que j'avois tenue juſqu'alors. Voici celle dont je formai le plan. Je fis appeller Alonſo Luis dans mon cabinet ; Alonſo, lui dis-je, je vous ai traité juſqu'ici avec des bontez qui doivent vous donner quelque attachement pour ma perſonne. Ce n'eſt pas pour vous en faire un reproche que je

les

les rappelle, c'eſt pour vous engager à continuer de vous en rendre
digne. J'ai des affaires au Breſil qui
demandent la préſence d'un homme
qui me ſoit affectionné ; allez-y;
je vous donnerai les inſtructions
néceſſaires ; & pour vous y faire
paroître avec honneur, j'obtiendrai
pour vous du Roi un tître qui vous
y aſſurera pendant que vous y ſerez , le premier rang après le Gouverneur : vous n'y ſerez pas moins
d'un an ; mais pour vous conſoler
d'une ſi longue abſence, je vous
promets de vous faire épouſer Donna Clara à votre retour , ſi elle
conſent à vous accorder cet honneur.

Mon eſpérance étoit que l'éloignement d'Alonſo diminueroit peut-
être la conſtance de ſon amante.
Suppoſé que ce changement arrivât,
il m'auroit été facile de retenir Alonſo au Breſil ſur de nouveaux pré-
textes, afin qu'elle eût le tems de
l'oublier tout-à-fait ; mais ſi l'amour
de Donna Clara ſe trouvoit à l'é-
preuve d'un an d'abſence, j'étois
réſolu de me faire abſolument vio-

len-

lence, & de preffer moi même leur mariage, en rappellant Alonfo du Brefil ; & en follicitant fa maîtreffe de le rendre entiérement heureux. Tel étoit mon projet. La fortune, comme vous allez voir, s'eft oppo-fée à l'execution. Un deffein que je croiois devoir amener néceffaire-ment mon bonheur, ou celui de deux tendres amans, n'a fervi qu'à procurer leur perte, & à me préci-piter dans le déplorable état où vous me voiez réduit.

Alonfo fe laiffa gagner aifément par mes promeffes. Le défir de pa-roître dans le lieu de fa naiffance avec un éclat où il n'avoit jamais efpéré de fe voir, lui fit trouver moins dure la néceffité de fe féparer de fon amante ; fans compter que le prix que je lui faifois envifager au bout d'un an, fuffifoit pour lui faire entreprendre quelque chofe de plus difficile. Je le chargeai de met-tre ordre aux grands biens que j'ai dans ce païs-là, & de démêler exac-tement tout ce qui m'appartient. Il partit. Son voiage fut heureux ; mais à peine eut-il paffé quelques jours

au Bresil, qu'une maladie précipitée
le mit au tombeau. La nouvelle de
sa mort fut apportée en Portugal
par le même vaisseau sur lequel il
étoit parti. Son amante l'apprit
aussitôt que moi. Je ne puis vous
donner qu'une legere idée de ses
transports & de son desespoir. Mon
assiduité auprès d'elle, mes soins,
& les ordres que je donnai pour
son secours, empêcherent les suites
funestes que ces premiers mouvemens pouvoient produire. Enfin
elle consentit à souffrir la vie ; mais
la regardant comme un supplice,
elle prit le parti, il y a trois moïs,
de se retirer à la campagne dans une
de ses terres , qui est à six lieues
de Lisbonne. Là elle vivoit comme
oubliée des hommes , dans une tristesse continuelle, & sans cesse occupée à verser des larmes. Je ne
laissois pas passer deux jours sans
me dérober secrétement pour la
voir. Dom Tellès de Sylva étoit
le seul qui m'accompagnoit. Elle
sembloit trouver quelque douceur
à me voir , & recevoir volontiers
les consolations qui lui venoient de

                    moi.

moi. Je croiois appercevoir de jour en jour l'effet de mon amour & de ma perséverance. J'espérois qu'à la fin son cœur s'accoûtumeroit à me souffrir, & peut-être enfin à m'aimer ; lorsqu'un coup fatal & imprévû a détruit une si douce attente, & renversé pour jamais mon bonheur & mes espérances. Dom M.... ne fut pas le maître en cet endroit, de retenir quelques larmes qui se mêlerent avec ses soûpirs. Vous voiez, nous dit-il tristement, à quel point je parois touché; je le parois mille fois moins que je ne le suis. La raison seule ne suffiroit pas pour arrêter mon desespoir après un malheur tel que le mien : il n'y a que l'honneur & la considération de ce que je dois à mon rang, qui puisse dissiper l'envie pressante que je sens naître à tous momens, de me donner la mort.

Il reprit ainsi son récit. Je vais vous apprendre ce qui est encore ignoré de tout le monde à Lisbonne. Vous vous souvenez sans doute de l'audience qu'on vint me demander pour une femme inconnue,

dans

dans le tems que j'étois à vous entretenir pour la premiere fois. Cette femme qui étoit inconnue en
effet pour la plûpart de mes gens,
ne l'étoit pas pour Dom Telles &
pour moi. Je l'avois placée moi-
même auprès de Donna Clara,
lorsqu'elle eût appris la mort d'A-
lonso, pour prendre soin d'elle, &
pour arrêter l'effet de son desespoir.
C'est une personne sage, qui s'appelle Philippa, & qui m'avoit été
procurée alors par un de mes Officiers qui est mort depuis. Sa visite
imprévûe, & son air triste m'aiant
frappé tout d'un coup, je jugeai
qu'elle m'apportoit quelque nouvelle fâcheuse; & sans lui donner le
tems de parler, je la conduisis dans
mon cabinet. Ses pleurs & ses san-
glots qu'elle avoit retenus devant
mes gens, prirent là un libre cours;
de sorte qu'elle fut quelque tems
sans pouvoir former une parole.
Parlez donc, Philippa, lui dis-je,
& tirez moi de peine: vous me faites trembler pour Donna Clara.
Ah! me répondit-elle, Donna Clara n'est plus, il n'est plus tems de
H 4

trem-

trembler pour elle ! J'avois vû Donna Clara la veille. Le peu de vraisemblance qu'il y avoit, qu'elle fut morte depuis ma visite, m'empêcha d'entendre d'abord le sens de ces paroles. Mais Philippa ne m'aiant que trop fait comprendre par quelques mots entrecoupez la cause de sa mort & la maniere tragique dont elle étoit morte, je ne pensai plus qu'à mourir moi-même. Je serois maintenant dans le tombeau comme elle, si Dom Tellès qui étoit avec moi, n'eût eu la cruelle pitié d'arrêter mon épée, que j'avois déja tournée contre mon sein. Il profita de la foiblesse que mon trouble & ma douleur me causerent, pour me mettre lui même au lit, sans laisser même entrer mes domestiques. Ce fut-là que tout mon malheur me fut raconté sans déguisement par Philippa, & vous allez être surpris que j'aie pu l'entendre sans expirer. Alonso Luis étant atteint de sa maladie mortelle avoit fait apparemment des réfléxions fort affligeantes sur un accident si imprévû. C'étoit peu que de mourir presque subitement

ment à son âge, & malgré la bonté
de son tempérament ; mais mourir
à la veille de se voir le plus heureux
de tous les hommes du côté de
l'amour & de la fortune, mourir
loin de Donna Clara, & sans pouvoir lui dire adieu pour la derniere
fois ; tout cela lui sembla sans doute bien terrible, & bien insupporta-
ble. Soit par une suite de cette pensée, soit par d'autres raisons, il se
persuada qu'une mort si desespéran-
te ne pouvoit être naturelle, & se
souvenant de la passion que j'avois
toujours conservée pour son amante, il crut trouver dans ma jalousie,
& la cause de son éloignement de
Portugal, & celle de sa mort. Folle
& injurieuse opinion, après les témoignages qu'il avoit eus de ma
générosité ; mais que je pardonne-
rois néanmoins à ce malheureux, si
les suites en avoient été moins funestes. Cette idée se fortifia tellement
dans son esprit, que ne doutant
plus que je ne lui eusse fait donner
du poison, il demanda une plume
avant que de mourir, & fit une lettre pour Donna Clara ; dans laquel-

H 5

le

le en se plaignant de son sort, il lui donnoit ses injustes conjectures comme une vérité certaine. Il remit cette lettre entre les mains de son oncle, auquel il donna une somme considérable après lui avoir fait promettre d'entreprendre exprès le voiage de Portugal, pour porter sa lettre à Donna Clara. L'oncle ne put partir aussitôt que le vaisseau qui apporta la premiere nouvelle de la mort d'Alonso ; mais il prit une autre occasion, environ trois mois après. C'est l'arrivée de ce miserable qui a causé la triste mort de Donna Clara ; c'est cette fatale lettre qui lui a fait prendre la cruelle résolution d'attenter sur elle-même ; & ce qui me cause le plus horrible desespoir, c'est qu'elle s'est donnée la mort en me haïssant, comme la cause de son malheur, & moins pour suivre son amant, que pour le venger, & me punir. Philippa m'a raconté qu'après avoir lû la lettre d'Alonso, elle perdit tout d'un coup la connoissance & la parole : ses beaux yeux s'obscurcirent ; elle demeura sans mouvement, comme

si sa douleur lui eût causé la mort.
Mais étant revenue ensuite à elle-
même, elle prit le Ciel à témoin
de son état déplorable; elle invoqua
l'ombre de son amant; elle emploia le peu de force qui lui restoit,
à me reprocher ma barbarie, & à
proferer contre moi mille impréca-
tions: Helas, quelle injustice contre moi qui l'adorois! contre moi
qui ne respirois que pour lui plaire
& qui étois disposé à me sacrifier;
non seulement à son bonheur, mais
encore à celui de son amant; parce
que le sien m'y paroissoit attaché!
Enfin lasse d'exprimer ses transports
par des paroles, elle se leva avec
un mouvement furieux, & malgré
la diligence de Philippa, qui étoit
seule auprès d'elle, & toute éper-
due, elle se perça le cœur d'une
longue éguille d'or qui lui ôta la vie.

Voilà, Messieurs, nous dit le
triste Dom M . . . . . le malheur
qui cause mes larmes; & qui me
fait fuir le Portgal. Voiez les restes
de ce que j'ai aimé plus que moi-
même, ajoûta il en tirant de sa
poche un mouchoir teint de sang.

Je

Je conserverai jusqu'au tombeau ce-
funeste monument de mon infortune & de mon amour : je le tiens
de Philippa qui s'en est servi trop
inutilement pour arrêter le sang,
& la vie de la malheureuse Clara.
Vous pouvez juger par le soin que
j'ai d'entretenir ma douleur, que
mon dessein n'est pas de l'oublier :
cependant j'ai résolu de ne pas remettre le pied en Portugal, que
mon cœur ne soit assez tranquile
pour revoir sans émotion des lieux
qui m'ont été si funestes.

Après avoir achevé ainsi sa nar-
ration, le Prince qui se sentoit trop
agité pour écouter tranquilement
les nôtres, parut souhaiter de demeurer seul : mais Dom Tellès de
Sylva qui savoit que rien ne lui étoit
plus pernicieux que la solitude, nous
fit signe de ne pas l'abandonner,
& de tâcher au contraire de lui tenir l'esprit occupé par nos récits.
Nous passames donc la plus grande
partie de la nuit à lui raconter les
sujets que nous avions eu de nous
plaindre aussi de la fortune, & la
triste expérience que nous avions
fai-

faite de ſes caprices. Il étoit preſque jour lorſque nous le quittâmes;
de ſorte que la matinée fut emploiée
preſque toute entiere à dormir. Le
Marquis ne fut pas plutôt levé, que
Dom Tellès entra dans notre chambre de la part du Prince, pour l'aſſurer de ſon eſtime, & lui faire
mille civilitez. Il nous pria d'éviter
autant qu'il nous ſeroit poſſible,
de faire retomber la converſation
ſur ſes peines. Nous le promîmes:
& moi ſurtout, d'autant plus volontiers, que c'étoit rendre en même
tems ſervice au Marquis, que d'é-
loigner tout ce qui pouvoit renouveller ſa triſteſſe. Nous fîmes même enſemble divers projets de di-
vertiſſemens & de plaiſirs, tels que
la mer pouvoit les permettre. Le
premier fut d'engager les jeunes
Turcs, que nous avions vûs la
veille, à ſe rendre avec nous chez
le Prince pour le ſurprendre agréablement par ce ſpectacle imprévû.
Je me chargeai volontiers de cette
commiſſion, & j'allai ſur le champ
à leur chambre. Auſſitôt que Muleid eût entendu ce que je lui pro-
H 7

po-

poſai, il ſe crut très honoré d'entrer en liaiſon avec Dom M. . . . . & il conſentit à nous ſuivre. La gouvernante du jeune Memiſcès fit quelque difficulté de le confier à mes ſoins ; mais je levai ſa peine, en la priant elle-même de nous accompagner. Ils ſe parerent très-richement. La vûe de quantité d'habits qu'on tira de pluſieurs coffres pour Muleid, nous fit naître l'envie de nous revêtir auſſi à la Turque. Elle fut executée à l'inſtant ; de ſorte qu'étant montez ſur le tillac, on fut ſurpris de voir le nombre des Turcs augmenté dans le vaiſſeau. Dom M. . . . . qui ne s'attendoit à rien moins qu'à une telle viſite , le fut bien davantage. Je lui fis un compliment au nom de toute l'Aſie que nous prétendions repréſenter, & qui lui venoit rendre ſes hommages. Il eſt certain qu'il eut d'abord quelque peine à nous reconnoître. Cette galanterie ne lui en parut que plus agréable. Les véritables Turcs s'approcherent pour le ſaluer à la mode du Levant. Il les reçut avec un air de bonté

qui

qui les lui attacha tout d'un coup,
& qui fit que sans se faire presser,
ils demeurerent à dîner avec nous.
L'aimable Memiscès fut le sujet
presque continuel de notre conversation. On admiroit la délicatesse
de ses traits, sa blancheur vive &
picquante, contre l'ordinaire des
Orientaux qui ont presque tous quelque chose de fade dans le teint, &
le feu admirable qui brilloit dans ses
yeux, que nous trouvions les plus
beaux du monde. Le Marquis ne
manqua point de se placer auprès
de lui. On lui en fit quelques reproches qu'il soutint agréablement.
Mais ce qui nous divertit le plus,
ce fut qu'étant caressant & enjoué,
il vouloit embrasser quelquefois ce
bel enfant, qui se défendoit en rou-
gissant, comme s'il eût eu quelque
chose à ménager. C'est dommage,
nous dit le Prince, que nous ne
puissions tirer d'eux que le plaisir
de les voir; & que nous soions pri-
vez de celui de les entendre. Sa
réfléxion en fit naître une à Dom
Tellès, que nous approuvâmes
tous : Qui nous empêche, se mit-il

à

à dire en riant, de leur apprendre
un peu de François, pendant que
nous sommes absolument oisifs?
Le Marquis s'écria qu'il se chargeoit de l'instruction de Memiscès,
& Dom Tellès entreprit d'instruire
Muleid. Il y eut même entre eux
une espece de défi & d'émulation,
par rapport aux progrès, chacun se
promettant de réussir le mieux & le
plus promptement. Je déclarai aux
deux jeunes Turcs le dessein qui
venoit d'être formé. Ils y donne-
rent les mains, & promirent de répondre au zele de leurs maîtres.
J'admirai dans la suite celui du Marquis pour Memiscès. Tantôt les
deux Turcs étoient chez nous,
tantôt c'étoit nous qui nous trouvions chez eux. Memiscès s'appri-
voisoit avec le Marquis, & marquoit autant d'empressement pour
recevoir ses leçons, que lui pour
les donner. Nous inventâmes une
espece de methode, dont le succès
fut si prompt, qu'en trois semaines
les deux freres entendoient presque
entiérement nos discours, & faisoient entendre eux·mêmes assez

net-

nettement leurs penſées. Memiſcès l'emportoit néanmoins ; & ſoit l'a- dreſſe du maître, ſoit la vivacité de l'écolier, il avançoit beaucoup plus que ſon frere.

L'application du Marquis me ſatisfaiſoit extrémement. Je la re- gardois comme un nouveau remede, qui alloit achever ſa guériſon. Mais quoiqu'il ne fût capable de former pour Memiſcès qu'une aff.ction pleine d'innocence, je ne laiſſai pas de trouver quelque choſe à redire à l'attachement exceſſif qu'il témoi- gnoit pour ce jeune Turc. Mon cher Marquis, lui dis-je un jour, vous vous livrez trop à vos penchans. Tout ce qui vous flatte juſqu'à un certain point, vous attache de même ; & vous avez déja oublié que ſe former de for- tes chaînes, c'eſt ſe préparer de nui- ſantes douleurs, lorſqu'elles vien- nent à ſe rompre. Je ne vous blâme point d'être ſenſible à l'amitié, mais il ne faut pas en faire une paſſion ; & ſes effets doivent être differens de ceux de l'amour. Cependant j'ap- perçois dans vous, non ſeulement le feu & l'ardeur, mais l'agitation

mê-

même & l'inquiétude, qui ne convient qu'à la passion. En un mot, vous aimez trop Memiscès, & je voudrois que vous prissiez un peu plus d'empire sur les mouvemens de votre cœur. Il me répondit naturellement qu'il sentoit bien lui-même, qu'il en faisoit trop pour ce jeune inconnu; & que la tendresse qu'il avoit pour lui, approchoit de la passion; mais qu'il n'avoit point d'autre excuse à m'apporter qu'un penchant qu'il ne pouvoit vaincre, parce qu'il trouvoit une douceur infinie à le suivre; qu'il m'avouoit que Memiscès lui étoit aussi cher que lui même; & que devant le quitter sans doute bien plutôt qu'il ne voudroit, il ne pensoit déja qu'en tremblant, à la nécessité de cette séparation: En effet, le vent étant des plus favorables, nous avancions promptement; & notre voiage n'eût pas duré même un mois, si nous n'eussions retardé par un accident qui nous causa une juste frayeur. Nous étions déja à la hauteur des côtes de France, & le plus beau tems du monde nous pro-

promettoit la plus heureuse navigation, lorsque nous entendîmes de
tous côtez dans le navire, le cri
que font les matelots, quand ils
apperçoivent un corsaire. Nous
nous rendîmes tous sur le tillac.
Le Capitaine Anglois nous dit sans
déguisement, que nous étions pour-
suivis; & que le corsaire paroissant
beaucoup meilleur voilier que nous,
il nous falloit un secours particulier du Ciel pour nous faire éviter
le combat. Nous lui répondîmes
que ce n'étoit point un si grand mal
d'être obligé de se battre, pourvû
que nous eussions de quoi nous défendre. Il n'y avoit malheureusement avec nous sur le vaisseau que
l'équipage, & quelques passagers;
quelques mauvaises piéces de canon,
très-peu de poudre, & presque
nulles autres armes que nos épées.
Le Prince fit lui-même la revûe de
tout ce qui pouvoit servir à notre défense; & voiant les choses
en si mauvais ordre, nous desespé-
râmes véritablement de notre salut.
Quelle apparence effectivement de
resister avec des simples épées à des
cor-

corſaires munis d'armes de toute
eſpece, & ſans doute en beaucoup
plus grand nombre que nous? La
fuite ne paroiſſoit pas une voie plus
ſûre, à cauſe de la péſanteur de
notre vaiſſeau. D'un autre côté,
ſe rendre ſans combattre, c'eſt à
quoi perſonne ne pouvoit ſe réſou-
dre; & notre ſort en auroit il été
plus heureux avec d'impitoiables
corſaires? Je crus notre perte certaine : mais comme ç'auroit été la
précipiter, que de s'abbatre & de
perdre courage, J'affectai au dehors
une confiance que je n'avois pas au
fond du cœur. Je dis à Dom
M . . . : Ménagez votre perſonne,
mon Prince, & laiſſez nous combattre. Il rejetta généreuſement mon
conſeil. Pour le Marquis, je lui
fis promettre de ne pas s'éloigner
de moi un moment; Obéiſſez-moi,
lui dis je, peut-être pour la derniere fois; vous diſpoſerez de vous à
votre gré, quand vous m'aurez vû
périr en vous défendant. Il me repondit en m'embraſſant tendrement,
que ſi je me chargeois du ſoin de
ſa vie, il ſe chargeoit de la mienne

&

& qu'il me promettoit de ne pas quitter mon côté pour avoir du moins la consolation de mourir auprès de moi. Muleid se préparoit au combat avec la même resolution. Memiscès fut mis avec ses femmes dans l'endroit le moins périlleux du vaisseau : Ce fut le Marquis qui eut cette attention, car son cher Memiscès ne lui sortoit pas de l'esprit. Enfin, les corsaires étoient déja à la portée du canon, & jugeoient bien à la manœuvre de notre vaisseau, qu'ils pouvoient nous regarder comme une proie assurée, lorsque le Ciel permit que deux vaisseaux François qui alloient du Havre de Grace à Bayonne, & que le beau tems avoit engagé à s'éloigner des côtes, se firent voir tout d'un coup devant nous à la même distance à peu près que les corsaires étoient par derriere. Nous ne les eûmes pas plutôt apperçus, que nous crumes le péril passé. En effet, les corsaires qui ne furent pas longtems non plus à les découvrir, perdirent l'espérance de nous joindre, ou du moins d'être assez

fort

fort pour pretendre à nos dépouilles. Ils prirent auſſitôt une autre route, & nous les perdimes de vûe en peu de tems. Nous ſaluâmes en paſſant les deux vaiſſeaux François d'une décharge de notre miſerable artillerie pour les remercier du ſervice important qu'ils nous avoient rendu. Peu de jours après, nous entrâmes dans le Canal de la Manche, & de-là nous gagnâmes bientôt la Hollande.

Le prince Dom M . . . . ſans s'arrêter un moment, prit le chemin de la Haye, après nous avoir dit qu'il comptoit de nous y revoir, & qu'il alloit deſcendre & ſe loger chez M. le Comte de Tarouca. Pour les jeunes Turcs & nous, nous paſſâmes le reſte du jour & de la nuit à nous repoſer au lieu même de notre débarquement. Je fis prendre ſeulement les devants à Scoti, pour nous louer un appartement à la Haye, afin que rien ne nous cauſât d'inquiétude en arrivant. Le lendemain nous nous y rendimes d'aſſez bonne heure; nous trouvâmes Scoti qui nous attendoit à l'entrée de la ville.

Com-

Comme il connoiſſoit les lieux, y étant venu avec moi longtems auparavant, je lui donnai ordre de conduire Muleid & ſon frere vers le Pléen, où ils m'avoient dit que leur pere leur avoit fait ſavoir qu'il ſeroit logé. Ils nous marquerent une vive reconnoiſſance en nous quittant, & nous promirent leur premiere viſite lorſqu'ils ſeroient en état de ſortir. Le Marquis voulut embraſſer Memiſcès, qui y conſentit pour cette fois d'aſſez bonne grace. Il faudra néanmoins le quitter tout-à-fait ce cher Memiſcès, lui dis-je étant ſeul avec lui; & nous verrons comment vous ſupporterez cette ſéparation. Il répondit à cela, qu'il alloit me communiquer une penſée qui lui étoit venue depuis quelques jours, & qu'il n'avoit point encore oſé me découvrir. Je ne puis vous cacher, continua-t-il, que j'aime Memiſcès au delà de ce qu'on peut s'imaginer; mon cœur a pour lui des mouvemens que je n'ai jamais ſenti que pour ma chere Diana. Je trouve le même plaiſir à le voir, & ſon

ab-

abfence me caufe la même douleur.
Il eft donc naturel que je fouffre
beaucoup, lorfqu'il faudra nous fe-
parer. Mais fi vous aviez un peu
de bonté pour moi, ajoûta t-il en
me regardant d'un air tendre, vous
pourriez m'épargner cette peine, ou
du moins la reculer encore bien
loin. Expliquez vous plus claire-
ment, lui dis-je, je ne pénetre pas
votre fyftême. Le voici, reprit-il :
Au lieu d'aller en Angleterre en
quittant la Hollande, nous pour-
rions retourner en France avec les
deux jeunes Turcs & leur pere; il
eft raifonnble qu'étant fi proche
du mien, & devant m'en éloigner
encore pour long-tems, je fouhaite
de le revoir & de l'embraffer : ce
feroit là notre prétexte. Nous ferions voir la Cour de France à Memifcès ; & ce qui ferviroit encore
mieux à mon deffein, nous le ferions inftruire adroitement de notre
Religion pour tâcher de la lui faire
embraffer ; parce qu'il feroit aifé
après cela de l'engager à demeurer
en France toute fa vie. Alors, me
dit le Marquis, je fuis fûr que
j'ob-

j'obtiendrois aisément de mon pere, qu'il le reçût dans notre maison comme son fils, & j'aurois la satis- faction de vivre toûjours avec lui comme avec un frere.

J'écoutois le Marquis avec une surprise extrême, & je ne pouvois me lasser d'admirer sa fecondité pour former & pour arranger des projets. Cependant après l'avoir laissé s'expliquer à son aise, je lui répon- dis d'un ton plus serieux qu'il ne s'y attendoit, que je tremblois pour sa sagesse ; & que la chaleur avec la- quelle il me parloit de Memiscès, ne me permettoit pas de bien inter- préter ses sentimens. Hé ! quoi donc, Monsieur, lui dis-je, par- leriez vous autrement quand il seroit question d'une maîtresse ? Que signi- fie cette douleur, cette joie, & tous ces autres mouvemens que vous prétendez être semblables à ceux que vous inspiroit Donna Dia- na ? Je ne reconnois point là l'ami- tié, qui doit être un sentiment mo- déré, sage & reglé par l'honneur & la raison. C'est une passion vicieuse, dont vous m'avez fait le portrait ; il faut la réduire, s'il vous plaît, à de plus juftes bornes. Ne trouvez donc pas mauvais que nous laiffions partir Memifcès fans nous : vous pouvez, fi vous voulez, lui donner quelques lettres, ou pour Monfieur le Duc votre pere, ou pour vos amis. Votre recommandation lui fera trouver plus d'agrément à Paris; c'eft l'unique maniere dont vous puiffiez à préfent lui marquer votre amitié : car de vous figurer qu'un enfant de treize ou quatorze ans puiffe être inftruit de notre Religion, fans que fon pere s'en apperçoive, ou que fon pere le permette, s'il en a la moindre connoiffance, c'eft une penfée puérile & fans fondement. Ma réponfe parut dure au Marquis; & je remarquai la violence qu'il fe faifoit pour ne pas marquer trop de douleur. J'ajoûtai pour le confoler, que je ne defaprouvois point d'ailleurs les marques d'affection qu'il avoit données jufqu'alors à Memif- cès ; qu'un fi aimable enfant méri- toit celle de tout le monde, & que je m'étois trouvé moi-même difpofé à l'aimer, dès le premier moment

que

que je l'avois vû. Mais j'eus beau prendre un ton plus doux, la fin de mon difcours ne fit pas tant de plaifir au Marquis, que le commencement lui avoit caufé de chagrin.

La foi du Public ne manque pas de fe revolter contre les événemens trop extraordinaires. Cette réflexion qui me naît ici tout d'un coup, eft prefque capable d'arrêter ma plume, & de m'ôter l'envie d'achever cette premiere partie de nos voiages. J'avoue que ce qui me refte à dire, eft capable de furprendre par fa fingularité; mais c'eft un fait dont mille perfonnes peuvent rendre encore témoignage, foit en Hollande où il eft arrivé, foit en France ou il a été connu de la part de ceux dont je fuis connu moi-même.

Le lendemain de notre arrivée à la Haye, qui étoit, fi ma mémoire eft fidelle, le cinquiéme jour de Decembre, après avoir commencé nos vifites par celle du Prince Dom M.... qui nous retint à dîner, & qui nous fit des careffes & des amitiez dont il n'y a que ceux qui connoiffent l'exceffive bonté de

ce Prince, qui puissent bien juger,
nous retournâmes à notre logement,
parce qu'il étoit tard pour faire voir
les beautez de la ville au Marquis.
A peine avions-nous mis le pied
dans notre appartement, qu'un de
nos laquais vint nous avertir que le
pere de nos deux aimables Turcs
étoit à la porte avec eux dans son
carosse, & qu'il demandoit à nous
voir. Ses enfans lui avoient parlé
avec tant de reconnoissance de la
tendresse que nous leur avions mar-
quée, & des obligations qu'ils nous
avoient, qu'il avoit cru ne pouvoir
nous en remercier assez tôt. Je donnai ordre de les aller recevoir & de
les introduire, à Scoti qui étoit mis
assez proprement pour servir au besoin d'une façon de Gentilhomme
ou d'Ecuier. Il nous les amena à
l'instant. Grand Dieu! me croira-
t-on dans cet endroit? Quelle fut
ma surprise, ou plutôt quel fut mon
transport, en reconnoissant dans
cet Officier Turc le frere de ma
chere Selima, le bon & généreux
Amulem! Non, il n'y a point de
sentimens au monde tels que ceux
qu'ins-

qu'inspire la nature ou la reconnoisfance ; mais leur excès est quelquefois funeste. Si la force de mon tempérament m'empêcha de succomber au premier emportement de ma joie, il en fut autrement d'Amulem. Il me reconnut à son tour au son de ma voix, & à la vivacité de mes carresses, car mon visage ne dut pas lui paroître moins changé que mon habillement ; mais s'il fut aussi frappé que moi, d'une rencontre si heureuse, & si imprévûe, il n'eut pas tant de vigueur pour soûtenir l'impétuosité de ses mouvemens : il tomba avec plus de vîtesse, que je n'en eus pour le soûtenir ; & dans le tems que nous nous efforcions de le relever ; C'est Salem, repétoit-il d'une voix foible & tremblante ; mes enfans, c'est votre oncle. Ces pauvres enfans se jetterent tous deux à mon col en me serrant de toute leur force ; & Dieu seul sait ce qui se passoit alors au fond de mon cœur. Je tenois le pere entre mes bras, & les deux enfans me tenoient, chacun entre les siens. Ainsi nos cœurs & nos

lar-

larmes étoient réunis dans le même espace, & comme confondus.

Cependant je fis reflexion, malgré mon trouble, qu'Amulem que je soûtenois toujours, avoit besoin d'un prompt secours. Il avoit perdu tout-à-fait l'usage de la voix. Ses soûpirs étoient frequens, & convulsifs. Il avoit pourtant la force de se remuer sur la chaise où nous l'avions fait asseoir ; ce qui me fit croire que son mal n'étoit qu'une oppression de poitrine, causée par la prompte révolution de ses esprits & de son sang. On lui ouvrit la veine ; & sa voix s'étant ranimée pour un moment, il me dit en langue Turque : Seroit-il possible, mon cher Salem, que votre vûe que j'ai desirée avec tant d'impatience, fût capable de me causer la mort ? Si cet effet arrive, ce sera par un sentiment bien opposé à celui de la douleur. Mais ma chere sœur Selima, ajoûta-t-il, le Ciel ne permettra-t-il pas que je la revoie avant que de mourir. Je jugeai par ce discours, qu'il ignoroit la perte de mon épouse ; & comme

il

il n'étoit point en état de supporter
une pareille nouvelle, je me contentai de lui répondre que dans la
joie que j'avois de le retrouver, je
n'étois occupé que du defir de lui
voir reprendre fes forces, pour jouir
pleinement d'une fi douce fatisfaction. Ah! reprit-il, je me fens extrémement affoibli, & je crains
tout, d'un épuifement fi fubit. Je
vous ai vû du moins, & vous affu-
rerez Selima, que je n'emporte
point d'autre regret que de mourir
fans la voir auffi. C'étoit l'unique
objet de mon voiage, & de celui
de mes enfans; c'étoit ce qui m'a-
voit fait rechercher avec empreffement depuis quelques années, la
commiffion que je fuis venu executer en Hollande. Je vous ai vû,
repéta t il en ferrant ma main, c'eft
affez pour m'empêcher d'accufer le
Ciel de rigueur. S'il m'ôte la vie,
je vous recommande mon fils & ma
fille, menez-les à Selima: je fai
entre les mains de qui je les laiffe.
Je lui dis qu'il ne falloit penfer
qu'à vivre, & que j'efperois que
fon mal ne feroit qu'une incommo-

I 4

dité

dité paſſagere, dont nous trouve-
rions moien de le guérir aiſément.
Je lui démandai enſuite où étoit ſa
fille dont il me parloit. La voilà,
me répondit-il en me montrant
Memiſcès; j'avois ordonné à ſa
Gouvernante de cacher ſon ſexe,
& de lui faire prendre un habit
d'homme pour prévenir les accidens d'un long voiage; & j'ai jugé
à propos de la laiſſer ici dans ce
déguiſement par la même raiſon.
Je n'ai que ces deux enfans, ajoûta-
t-il; c'eſt ce que j'ai de plus cher.
Si vous avez quelque amitié pour
moi, traitez-les avec bonté.

Il faiſoit beaucoup d'efforts pour
parler. Le Médecin que j'avois
envoié chercher, & qui arriva dans
ce tems, le fit mettre au lit, après
avoir examiné ſon mal. Il s'en ex-
pliqua d'une maniere qui me donna
de la fraieur. Sa poitrine, me dit
il, me fait tout craindre. La ſaignée
fut redoublé: une heure après il
perdit entiérement la connoiſſance
& la parole. Je commençai à de-
ſeſpérer de ſon retour à la vie. Cependant le Médecin ſans s'étonner

de

de la situation où il le voioit, lui
fit encore ouvrir la veine du pied.
Ce fut son salut. En moins d'une
heure la liberté d'esprit, l'usage de
la voix, la couleur même, & la
santé, lui revinrent. Il ne lui resta
de cet étrange accident, qu'un peu
de foiblesse, causée par les trois
saignées. Je repete encore ici, que
cette complication d'événemens
extraordinaires, la rencontre d'A-
mulem, sa maladie, sa guérison,
& le déguisement de sa fille, pourront sembler difficiles à croire;
mais je ne dois point altérer la vérité, pour ménager la délicatesse
d'un Lecteur trop incredule.

Lorsque le rétablissement d'A-
mulem nous eut permis de penser à
la joye, nous nous y livrames sans
ménagement. Ce fut alors que je
recommençai à l'embrasser mille
fois, & que je ne fis pas moins de
caresses à ses chers enfans. Tant
de contentement & de plaisir me
paroissoit un songe. Je ne pouvois
m'accoûtumer à regarder un événement si agréable, comme une
vérité. Le Marquis avoit fait pen-

 dan

dant ce tems-là bien des personna-
ges differens. Dans la premiere
furprife que nos embraffemens &
nos tranfports lui avoient caufée,
il étoit demeuré comme immobile;
s'appercevant enfuite que ce Turc
que j'embraffois fi tendrement, étoit
mon frere, il s'étoit approché pour
mêler fes careffes avec les miennes, & Memifcès y avoit eu la
meilleure part. Aïnulem ne put
remarquer dans l'accès de fon mal,
les attentions du Marquis pour fa
fille; mais s'étant levé au bout de
quelques heures, & le voiant badi-
ner affez familierement avec elle,
il me demanda ce que c'étoit que
ce jeune homme, & s'il connoiffoit
le fexe de Memifcès. Je lui appris
alors qui étoit le Marquis; & non
feulement je l'affurai qu'il ne prenoit Memifcès que pour un jeune
homme, mais je le priai de le laiffer
toujours dans cette erreur; & je
lui dis les raifons que j'avois de le
fouhaiter. Je ne découvris pas même ce premier foir à mon aimable
niéce, que je fuffe informé de ce
qu'elle étoit, de peur que fa rou-
geur

geur & son embarras n'en fissent
conjecturer quelque chose au Marquis. J'étois d'ailleurs assez occupé
d'un autre soin. Il falloit apprendre
la mort de Selima à Amulem, qui
m'avoit déja demandé plus d'une
fois de ses nouvelles, & qui pouvoit être surpris avec raison de ma
froideur à lui répondre. Après y
avoir un peu pensé, je crus que
quelque triste que fût pour lui cet
événement, dix-neuf ou vingt ans
qui s'étoient écoulez depuis, empê-
cheroient qu'il n'en fût aussi frappé
que d'un malheur récent. Je ne
l'amenai là néanmoins que par de
longs detours. Ses larmes coule-
rent quelque tems, & les miennes
se renouvellerent en lui en voiant
répandre. Ce ne fut que plusieurs
jours après que je lui fis le récit
entier de tout ce qui m'étoit arrivé
avec sa chere sœur depuis notre départ d'Amasie. Il auroit renoncé au
voiage de France en perdant l'espoir
d'y trouver celle qu'il étoit venu
chercher de si loin; mais lorsque je
lui eus parlé de ma fille, & même
d'Agade qu'il n'avoit pas oubliée,

il refolut de les aller voir auffitôt
que fes affaires feroient terminées
en Hollande. Le Marquis à qui
j'appris fa réfolution, en eut une
joie infinie? parce qu'il jugeoit bien
que je ne pouvois me difpenfer de
l'accompagner. J'eus cependant la
malice de lui dire, qu'étant obligé
d'aller paffer quelques femaines en
France avec mon frere & mes ne-
veux, je le laifferois à la Haye pour
y attendre mon retour. Il fe plaignit
amérement de moi, & il en vint
jufqu'à me dire, qu'il ne voioit que
trop qu'il s'étoit trompé, en croiant
que j'avois quelque amitié pour lui;
que c'étoit apparemment pour lui
ôter le plaifir d'être avec Memifcès,
que je voulois le laiffer en Hollande; mais que fi je lui refufois de
nous tenir compagnie en chemin,
je ne pourrois pas l'empêcher de
partir deux jours après nous, & de
nous aller rejoindre en France.
Nous fimes la paix lorfque je lui
eus déclaré que j'avois voulu badi-
ner. Dès le foir j'écrivis à M. le
Duc de .... nôtre arrivé en Hollande, & que la rencontre que j'y
avois

avois faite de mon frere , m'obligeoit de rentrer pour quelque tems
dans le Roiaume : il me fit l'honneur de me répondre huit jours
après ; & en approuvant mon deffein , il me prioit de ne pas amener
le Marquis à Paris , étant bien aife
qu'il n'y parût qu'après avoir achevé fes voiages. Mais il me promettoit de nous venir voir lui-même ,
lorfque nous ferions chez ma fille ,
ou chez M. le Comte de . . mon
oncle paternel.

Nous paffâmes environ deux
mois en Hollande avec une douceur & une tranquillité parfaite.
Nos vifites ordinaires étoient chez
Monfieur le Marquis de Chafteauneuf Ambaffadeur de France , &
chez M. le Comte de Tarouca
Ambaffadeur de Portugal ; car je
n'appelle pas vifite le féjour prefque continuel que nous faifions
au logis d'Amulem, ou celui qu'il
faifoit avec fes enfans dans le nôtre.
Nous nous regardions comme une
même famille. Muleïd & Memifcès fe perfectionnerent en peu de
tems dans notre langue ; de forte

I 7

que

que nos entretiens devinrent affez & familiers. Je craignois extrémement que le Marquis ne prît
quelques foupçons du fexe de
Memifcès. On juge affez de l'effet que cela auroit produit fur
lui. Il fembloit même que fon
affection fût augmentée depuis qu'il
favoit que cette jeune perfonne
m'appartenoit ; il me le difoit lui-
même en riant, & il me demandoit fi je pouvois m'offenfer qu'il
aimât mon neveu. Il eft certain
que ma niéce fentoit quelque tendreffe pour lui ; j'étois trop clair-
voiant pour ne pas m'en appercevoir , à la maniere dont elle s'ac-
coûtumoit à fouffrir fes careffes
badines. Je lui laiffai ignorer à elle-
même pendant quelques jours, que
j'étois inftruit de fon fexe ; mais
dans la crainte qu'elle ne prît fé-
rieufement de la paffion pour le
Marquis, qui devenoit de jour en
jour plus aimable que jamais, je
lui découvris que je favois qu'elle
étoit fille , étant bien fûr que cette
connoiffance ferviroit à la faire
veiller un peu plus fur elle même.

Bon.

Bon jour , ma chere niéce, lui dis-
je en lui prenant les deux mains.
Elle rougit , fans me répondre.
J'attendis pourtant qu'elle parlât,
& je la regardai en foûriant. Enfin
elle me dit que j'oubliois qu'elle
étoit mon neveu Memifcès. Non,
non, repris je en l'embraffant , je
fai ce que vous êtes ; & je vous
réponds que fi je vous aimois comme Memifcès , je vous aime encore
plus comme ma chere niéce. Je
vois, repartit-elle, que mon pere
vous a declaré mon fexe. J'étois
furprife effectivement qu'il parût
vous en faire un myftere ; mais c'eft
vous-même, mon cher oncle, qui
m'en avez voulu faire un , de ce
que vous favez fans doute depuis
notre arrivée. Nous continuames
ainfi à nous entretenir dans la même pofture, jufqu'à ce que le Marquis entra dans la falle où nous
érions ; & s'avançant doucement
par derriere ma niéce , il me pria
par une figne de main de ne pas
l'avertir de fon approche. Je le
laiffai faire exprès. Je voulois voir
de quellle maniere ma niéce prendroit

droit son badinage , après l'éclaircissement que nous venions d'avoir
ensemble. Le Marquis ne manqua
pas de lui passer les mains autour
du col , & de la baiser à son aise.
Je ne disois pas un mot. Memiscès (car je continuerai de lui donner le même nom) fit quelques
efforts pour se tirer de ses mains ;
& feignant adroitement qu'il l'avoit
blessée , elle le pria avec un petit
air de colere, de la laisser tranquille. Le Marquis qui n'étoit pas
accoûtumé à l'entendre parler si
sérieusement , lui fit mille tendres
excuses ; s'imaginant même qu'il
avoit pu effectivement la blesser, il
vouloit voir absolument s'il n'en
paroissoit aucune marque à son col;
& ce fut une nouvelle scene qui me
donna beaucoup de plaisir. A la
fin je pris le parti de Memiscès; &
je dis au Marquis que ces sortes de
caresses étoient contraires à la bienséance ; & que cela convenoit
tout au plus à des enfans. Mon
Dieu ! que vous êtes sévere! me
répondit-il ; quand on s'aime, n'est-
il pas de juste de s'en donner quelques
té-

témoignages ? Memiscès lui dit ingénieusement , & peut être en suivant le mouvement de son cœur: Vous croiez donc , Monsieur le Marquis , que je suis sans amitié pour vous , moi qui ne suis pas si badin ? Soiez mon ami autant que je suis le vôtre, & ne badinez pas plus que moi ; ce sera m'obliger doublement.

Amulem ne m'avoit encore rien appris de l'état de sa fortune, & de la situation de ses affaires à Amasie. Je le mis un jour sur cette matiere en lui demandant des nouvelles d'Oscine & de plusieurs personnes que j'avois connuës. J'avois cru jusqu'alors que Muleid & Memiscès étoient nez de cette belle Grecque; mais j'appris avec étonnement d'Amulem , que malgré l'amour qu'il lui avoit porté , il n'avoit jamais eu avec elle un commerce d'époux , & qu'il l'avoit conservée peu de tems dans son Serrail. Voici de quelle maniere il me raconta la chose.

Vous vous souvenez , me dit - il, qu'Oscine avoit le cœur prévenu, lorsque nous eumes le bonheur de l'en-

l'enlever avec tant de succès, &
que ce fut bien moins pour me suivre, que pour fuir le Sultan, qu'elle
m'abandonna le soin de sa destinée.
La haine & la douleur étoient ses
deux plus fortes passions. Je m'en
apperçus bientôt, & je vis qu'elle
n'avoit pour moi qu'une honnêteté
indifferente, telle que la reconnoisf-
sance sans amour peut l'inspirer. Il
me falloit quelque chose de plus.
Ma passion étoit ardente; mais l'a-
mour le plus tendre à t-il quelque
douceur, lorsqu'il n'est pas paié par
un retour sincere? Je voiois tous
les jours Oscine dans mon Serrail;
je lui rendois des soins empressez;
& toute ma maison étoit persuadée,
surtout après la mort de mon pere,
qu'elle auroit toûjours le premier
rang dans mon cœur. Elle le possedoit alors, & il dépendoit d'elle de
le conserver; mais sa froideur fut si
opiniâtre, qu'elle me fit perdre peu
à peu le goût de ses charmes. Elle
s'offroit neanmoins à mes caresses:
Je suis votre bien, me disoit elle;
& je vous ai coûté trop cher pour
vous disputer ma possession; mais

jamais.

jamais un ſigne de tendreſſe, toujours des ſoûpirs dont je ne voiois
point l'objet; toujours un air penſif
& des yeux diſtraits, dans les momens
mêmes où je lui donnois les plus
vifs témoignages de mon amour.
Ce qui acheva de me la faire oublier,
fut une nouvelle acquiſition que je
fis d'une aimable Circaſſienne, nom-
mée Agelone, pour laquelle je me
ſentis plus vivement touché que je
n'avois jamais été pour Oſcine. Je
l'achetai d'un Marchand d'eſclaves,
qui la menoit à Conſtantinople. Elle
avoit moins de beauté qu'Oſcine;
mais elle poſſedoit ces charmes inex-
primables, qui excitent l'amour
plus ſûrement que la plus parfaite
beauté, & elle a acquis ſur moi tout
d'un coup un empire qu'elle a con-
ſervé juſqu'à ſa mort. C'eſt d'elle
que mes deux enfans ſont nez. Si
vous trouvez Memiſcès aimable, ſa
mere vous auroit paruë telle auſſi;
car c'étoit le même air, le même
port, les mêmes agrémens, avec
cette ſeule difference, que Memiſcès à les yeux plus fins, & les traits
plus délicats. Lorſque j'eus le cœur

si doucement occupé , j'abandonnai Oscine à son indifference ; & je ne la vis plus que par bienseance , comme toutes les autres femmes de mon Serrail. Elle me fit demander un jour un entretien particulier. Je ne balançai point à le lui accorder. Son premier mouvement fut de se jetter à mes genoux en versant quelques larmes. Je la relevai avec douceur ; & l'aïant fait asseoir , je lui demandai quel pouvoit être le sujet de son chagrin. Elle commença un discours fort touchant sur les malheurs de sa destinée , & sur le triste état où elle avoit vêcu depuis que Mezzo Morto l'avoit enlevée. Je me suis abandonnée entre vos mains, continua-t-elle , & je n'ai pas lieu de m'en repentir : ma condition en est devenuë bien plus douce ; & si j'ai continué à m'affliger c'est plûtôt par une suite de mon mauvais sort , qui ne me permet pas d'être heureuse , que par un effet de vos manieres , dont je ne puis trop louer la bonté. Que n'a t il dependu de moi d'être plus tendre ! j'aurois reconnu votre amour , & vous

au-

auriez été satisfait de mes sentimens:
mais je n'ai pu vaincre la tristesse
qui me domine; vous vous êtes re-
buté de ma froideur, & vous m'avez
quitté pour une autre, je ne m'en
plains pas: ce que mes larmes vous
demandent aujourd'hui, au nom de
l'amour même que vous m'avez
porté, c'est de m'accorder la liberté
de retourner à Smyrne, puisque je
ne suis point utile ici à votre bonheur: rendez-moi à ma patrie, à
mon pére, à ma mere, à toute ma
famille, à qui j'étois chere autrefois, & qui pleurent sans doute mon
absence depuis plusieurs années qu'ils
m'ont perduë. Mon pere est riche,
il sacrifiera tout son bien pour me
racheter de vos mains: ainsi vous
tirerez de ma liberté deux avantages;
celui d'accorder à une malheureuse
le seul bonheur qui lui reste à espérer, & celui d'augmenter vos trésors,
en tirant, si vous voulez, pour ma
rançon beaucoup plus que je ne
vaux, & que vous ne m'estimez.

Elle se laissa tomber une seconde
fois à mes pieds, qu'elle tint quelque tems embrassez malgré moi. Je
lui

lui repondis après l'avoir fait relever, qu'il n'avoit dépendu que de
sa volonté, d'être une des plus
heureuses personnes de l'Asie: qu'à
la vérité mon cœur n'avoit pu tenir
contre la dureté dont elle avoit payé
ma tendresse, & qu'il avoit cherché
à se rendre plus heureux; mais qu'en
cessant d'être attaché à elle par les
liens de l'amour, je ne lui avois
point ôté mon estime, & que j'avois
quelque regret qu'elle eût attendu si
longtems à me demander une grace
que j'aurois toujours été disposé à
lui accorder; qu'elle pouvoit donc
regarder son esclavage comme prêt
à finir; qu'aiant dessein d'aller moi-
même pour quelques affaires sur les
côtes de la Méditerranée, je pren-
drois cette occasion pour la renvoier
à Smyrne; & que pour ce qui regardoit sa rançon, je lui promettois
de ne rien exiger de son pere, afin
qu'elle eût du moins quelque reconnoissance pour ma générosité,
puisque je n'avois point été assez
heureux pour lui inspirer le moindre
retour pour ma tendresse. Oscine
parut extrémement sensible à mon
dis-

diſcours, & aux manieres honnêtes dont je tâchai de l'accompagner. Je lui tins parole deux mois après, & je la crois maintenant à Smyrne dans les bras de ſa famille.

Pour moi, continua Amulem, mon deſſein étoit en m'approchant de quelque Port de la Méditerranée, de rencontrer un vaiſſeau François, qui pût me donner le moien de vous faire ſavoir de mes nouvelles. Contre l'effet ordinaire de l'abſence, plus il s'étoit paſſé de tems depuis notre ſéparation, plus elle ſembloit me cauſer de triſteſſe & d'ennui. Je vous redemandois à tous les lieux où je vous avois vû dans mon enfance & dans ma jeuneſſe; tout me rappelloit vos ſoins & votre amitié. L'image de ma ſœur me revenoit auſſi: vous ſavez combien elle m'étoit chere. Ne les reverrai-je jamais? diſois-je preſque tous les jours: N'aurai-je pas du moins la ſatisfaction de leur faire ſavoir que je penſe inceſſamment à eux, & que je ceſſerai de vivre plutôt que de les aimer? Je trouvai ſur la côte quelques vaiſſeaux de Marſeille

feille & de Genes : je chargeai de
mes lettres tous les Capitaines , ef-
pérant qu'il s'en trouveroit un du
moins , dont l'attention fuppléroit
à la négligence des autres. Vous
me dites que vous n'avez rien reçu
de moi : il faut que tous m'aient
trompé. Enfin plufieurs années
s'étant paffées , & mes enfans fe
trouvant affez âgez & affez, forts
pour me fuivre , je pris la réfolution de faire moi-même avec eux le
voiage de France. J'avois appris
que Mehemet Lebi , qui eft mon
parent , avoit été fait Capitan Pa-
cha : j'efpérai que par les relations
que lui donne fon emploi, il pourroit me faciliter l'entrée des Roiau-
mes Chrétiens. Je me rendis à
Conftantinople avec mes enfans.
J'eus le malheur de ne l'y pas trouver : il étoit à vifiter par ordre du
Grand Seigneur , les Ifles de l'Ar-
chipel qui dépendent de notre Empire. Ce contretems ne fut pas capable de me refroidir. Je laiffai mes
enfans chez Genad , que vous avez
connu autrefois à Conftantinople ,
& qui fe foûtient encore dans une

heu-

heureuſe vieilleſſe; & montant ſur un vaiſſeau prêt à faire voile, je me rendis à Scio, où l'on m'aſſura que je trouverois Mehemet Lebi. Il y étoit effectivement. Il me reconnut & m'aiant offert ſes ſervices, je lui déclarai naturellement le deſſein qui m'amenoit. Vous ne pouviez, me dit il, arriver plus à propos : je cherchois une perſonne de confiance, qui voulût entreprendre le voiage de Hollande, pour ménager les intérêts de notre grand Empereur avec cette République. Chargez vous de cette commiſſion. Vous reviendrez facilement de là par la France. La propoſition de Mehemet Lebi me charma. Je ne lui demandai que le tems de retourner à Conſtantinople pour prendre avec moi mes deux chers enfans. Il me répondit que les affaires de notre ſouverain Monarque ne pouvoient ſouffrir le moindre délai. J'aimai mieux, ajoûta le bon Amulem, me priver de la ſatisfaction de les avoir avec moi, que de manquer une occaſion qui ne ſe feroit pas trouvée de longtems ſi favorable.

ble.   Je leur écrivis de s'embarquer
fur le premier vaiffeau qui feroit voile en Europe.   J'étois fans inquiétude, parce que je me repofe abfolument fur le zele & la fageffe des
domeftiques que j'ai mis auprés
d'eux.   Enfin je fuis arrivé ici heureufement, & tout m'a fuccedé depuis au-delà de mes efpérances.   Il
n'y a que la mort de Selima à laquelle je ne m'attendois point, qui
a mêlé une vive amertume à la fatisfaction que j'ai eue à vous retrouver d'une maniere fi furprenante,
& de voir arriver avec vous mes
enfans.

Les affaires d'Amulem le retin-
rent plus longtems que nous n'euffions fouhaité.   Il en avoit auffi à
démêler avec Monfieur le Marquis
de Chafteauneuf, qui augmenterent
le retardement.   Nous nous occu-
pames durant ce tems là à vifiter les
principales villes de Hollande.   A-
mulem me confia Muleid & Memifcès, qui nous accompagnerent
toûjours. Enfin nous partimes tous
enfemble avec une fatisfaction éga-
le; & étant entrez en France, nous
pri-

prîmes le chemin de la terre de Monsieur le Comte de . . . . Je lui avois écrit de Hollande pour le prévenir. Il nous reçut avec une magnificence dont je lui fis des plaintes, étant fâché de la dépense excessive dans laquelle il s'engageoit pour l'amour de moi. Monsieur le Duc de . . . . . nous fit l'honneur de se souvenir de la promesse qu'il m'avoit faite de nous venir voir. Toute la Noblesse voisine vint lui rendre ses respects, & lui compo-ser une petite Cour fort brillante. Le Marquis de . . . mon gendre, & ma fille, furent des premiers à s'y rendre. Je laisse au Lecteur à se représenter les caresses qu'ils fi-rent à Amulém & à ses enfans, & celles qu'ils reçurent d'eux. Agade pensa mourir de joie en revoiant son cher Patron, le frére de sa bonne maîtresse, à laquelle elle avoit été si constamment attachée.

La bonne grace de Memiscès & sa beauté furent admirées de tout le monde. Monsieur le Duc de . . . . qui s'apperçut lui-même de la tendre amitié que le Marquis lui portoit,

                    loua

loua son bon goût dans un tel attachement. On en verra les suites
dans la derniere Partie de nos voiages, si les faits particuliers, dont
elle sera remplie, me permettent
de la donner au Public. Je finirai
celle-ci par le triste accident qui
vint empoisonner notre satisfaction
au moment que nous y pensions le
moins, & qui me força encore une
fois de reconnoître que ce n'est
point dans ce miserable monde,
qu'il faut espérer des plaisirs purs
& solides. Hélas! avois-je besoin
de cette nouvelle preuve, après la
fatale expérience que j'en avois faite
dans tout le cours de ma vie!
Nous avions passé trois semaines
dans la joie, chez Monsieur le
Comte de . . . . . Nous en étions
partis pour aller chez ma fille, malgré les efforts qu'il avoit faits pour
nous retenir plus longtems. Il
nous avoit promis de nous y rejoindre quelques jours après notre départ; & quatre jours s'étant écoulez, nous commencions à sentir
quelque impatience de ne le pas
voir arriver. Helas! il fallut bientôt

tôt paſſer à d'autres ſentimens, qui furent ceux de la plus vive & de la plus profonde douleur. Un de ſes domeſtiques nous apporta le cinquiéme jour la triſte nouvelle de ſa mort. Le plus aimable & le plus généreux de tous les oncles avoit été frappé la veille d'une apopléxie qui l'avoit mis en peu d'heures au tombeau. Nous fûmes comme accablez de ce coup terrible & imprévu. Je finis, pour arrêter des pleurs qui s'apprêtent encore à couler de mes yeux.

Fin du quatriéme Tome.